乱步东洋
日本文化杂踏记

汤祯兆 / 著

乱步碎语

李长声

不敢为人作序，怕着粪佛头，也不愿请人作序，怕自己就附了骥尾。即便是一只苍蝇，嗡嗡嗡，能飞多远飞多远，那就是自由而快乐的大苍蝇。

侨居日本多年，却飞得不远，譬如绝少去涩谷，从未进过109，不了解女孩子的流行文化（不包括妈妈辈的女孩子，当她们穿起长靴时，恐怕就表明天然女孩已开始弃之了），所以时常读别人写日本，有一点秀才不出门便知天下事的意思。

人心隔肚皮，要了解别一民族之心，所隔更何止肚皮，起码还隔着语言、习性、交际范围等。俳圣松尾芭蕉不也吟咏过：寥廓一声呀，秋深栖暮鸦，孑然僵卧处，隔壁是谁家。日本生活很便利，餐馆门口摆着饭菜模型，给人以感性认识，不至于端到鼻子底下才知道点的是什么吃食，不由地喟叹日本真是个感性胜过理性的民族。国人来日本旅游多起来，最近看见一个出国须知似的东西，告诫国人购物时明码实价，不要跟国内一样随口砍价。也真是偏巧，随即在《周刊新潮》上读到一篇渡边淳一的随笔，这位被中国众读者捧为情爱大师的老作家说，看中一件衣服，标价14万日元，觉得有点贵，跟随的女秘书便自告奋勇，上前砍价，店家不应。在店里转了一圈，她又过去砍，店家终于让步，便宜了4万。原来女秘书是大阪人，大阪购物是砍价的。其实我们说日本，有意无意，常常说的是东京而已。

认识一种文化不容易，哪怕是久居日本，也未必能说得头头是道。侨日不等于知日。

在香港的一种文学杂志上读到一篇小说，写道："笔者懂几句日文，看到日本再纯的纯文学杂志，每期都要连载五六个推理小说。那些杂志没有国家补贴，就靠推理小说来补贴。"从简介得知，作者毕业于中国某师范大学中文系，留学日本十年，读完了日本文学博士课程，便不禁惊诧，这样的人居然把纯文学与推理小说混为一谈，尽管是小说家言。日本文学的一大特色即在于把文学分成两种，纯文学与大众文学，纯文学杂志绝不会刊登属于大众文学的推理小说，更不要说每期都连载，而且五六个。文学杂志是出版社（当然是私营）的商品，纯文学杂志再纯，纯得无限地接近自然科学，国家也不能用纳税人的钱来补贴。出版社拿纯文学杂志当看板（招牌），赔本赚吆喝，需要靠图书和其他类杂志维持。动辄想国家补贴，这是典型的中国人想法。

旅游者走马观花，往往更容易看走眼。譬如叶永烈，在博客上读到他观察日本的细节，好些不大确实而大不确。他观察到日本的天气预报由男女二人主持，并贴上NHK电视画面，以示眼见为实，但只怕他的观察仅限于此一画面而已，难免管窥蠡测之嫌。日本"别具一格"的，是天气预报在新闻节目之内，主持人予以配合，使之生动，却也未必就一男一女。我们中央台的天气预报在新闻之后，先得看一通广告，然后常见一女人，脸无阴晴圆缺，把左手或右手一开一合地作势。日本民营电视台使用有气象预报士资格的人播报，详加解说，比NHK活泼。

又观察日本靴，前头是分叉的，把拇趾和另四趾分开，觉得怪，认为这样的靴穿起来脚趾没有压迫感，很舒服。说来它本来属于布袜子，用厚布做，也穿到室外，近代以后用橡胶做底，矿工穿用，便叫作地下足袋，现在主要是建筑工人当工作鞋，脚趾分开，便于用力抓地。神道搞"庙会"，走街串巷为神抬轿子，男人系一条兜裆布，脚下也多穿这玩意儿，便演出民族传统。现今地下足袋几乎都是中国造。

以科普、纪实出名的作家尚且记而不实，遑论其他妙笔生花的游记。看一眼便洋洋洒洒写一篇，做高深之状，却诚为臆度，终归是瞎说或胡说。急于发议论，强作解人，而且语不惊人死不休：你在全世界各国都可以吃到正宗的纯正的中国菜，只有在日本，这个遍地是中国菜馆的国家里，你几乎找不到一家正宗的有中国菜味道的中国餐馆。这话不就说得太绝吗？既不可能找遍日本，更不可能吃遍全世界各国。介绍日本人日本文化，可以没有灼见，但必须有真知。

中国人了解、认识日本似乎有两个问题，一是自古不屑于知道，到了清末，被人家打败，这才急急于了解，背景与心态却始终不正常。知日难，也难在我们一说到日本，便有着太多的偏见、成见，固执己见。菊与刀，虽然并不清楚到底怎么个比喻，却越看日本越二重，仿佛用二重性之说就可以把日本诠释个底儿朝上。可是，兔子急了也咬人，谁都有二重性。恐怕二重性不过是现象，根源何在呢？像任何民族一样，日本也是多面体，它不可能同时把所有的面呈现在你眼前，况且还时常要强调、夸大某一面。艺伎，日本当作传统文化骄人，大肆宣扬，可实际上早已衰微，如今几多日本人有钱招伎呢？就连大相扑比赛，人们也大都窝在家里看看电视罢了。二是上世纪80年代后半以来敞开了国门，却随即出现哈日族，热衷于日本的时尚与流行，障碍了深度的介绍与理解。哈日无所谓对不对，作为个人喜好也可以停留在表层，或者时过境迁，不再哈日，对日本也不感兴趣。但若想有所认知，就应该从哈日进入知日。

汤祯兆的书是知日的书，读了可以知道日本，认识日本。就这本《乱步东洋》来说，记景观不厌其详，大有导游之善意，但太宰治的小说、石川啄木的诗歌、史村翔的漫画，顺手拈来，旅游便充实了文化内涵。这有赖于丰富的书本知识，对日本影视的熟知。所谓乱步，是一种乘兴而来的意境，或许读来真有点乱，这也与此书是结集有关，但心中有序，主题是明确的：追踪日剧之旅、影像之旅、文学的追星之旅。游到香川，不仅旁征日本通唐纳德·里奇的考察，又博引文化人类学者祖父江孝男的《县民性——文化人类学的考察》加以分析，使见闻不至于浮光掠影，不流于一笑了之。即便"偷懒想什么也不去打点"，随团行走，"脑部活动"也不曾中止，尽兴游玩，深入思考。日本不少地方都建有主题公园，作者便借鉴都市研究学者多木浩二的观点，议论城市游戏化，指出："把都市予以游戏化的再造，一直是一种政治化的都市建构设计观念，成功与否可谓见仁见智。提倡者大多以本来地方没有任何过人特色，于是为免村镇的衰落，而兴起主题公园化的都市重整构思。但与此同时所不能避免的，一定是地方色彩的消失，把村镇和过去的历史集体记忆画上分离的句号。"诸如普及化的旅游区、不同"场域"的争持、旅游程序化的方向，这些小标题，以及布尔迪厄的"场域"、韦伯对官僚制度的合理化讨论观念等，令人几乎要疑惑是不是捧读了观光学课本。

作者立足于香港写日本，内地读者还可以得到双重的趣味。他写道："日本的美少女一向重视崇尚大自然的活力形象，常以泳装相片来表露对青春的颂歌。相反香港的这群'玉女'往往长年不见天日，即如最具个性的张柏芝，也惯于厚妆粉示人，那正好是一种以非自然来背离玉女崇尚自然风格的最大反讽。"港人对北海道的钟情，多少与岩井俊二的《情书》拉上关系，而内地兴起北海道旅游热，却是国产影片为人作嫁衣裳。若想不枉此一游，游出文化来，那就先读了《乱步东洋》，然后追踪而去，到东南的钏路感受一下村上春树的笔下风情，或者到东北的网走看看《监狱风云》现代版。

序二

乱步中的变容
罗贵祥（香港浸会大学英文系副教授）

几近十年，汤祯兆初版《乱步东洋》，我那时竟然为他这样写序：

从小说家江户川乱步（Rampo）的名字杜撰出来的书名，甚有意思，但不知怎样，我居然联想起好莱坞电影《第一滴血》里，那个由大只佬史泰龙饰演的蓝保／兰博（Rambo）形象来。Rampo与Rambo引申的意义，是不是也有某种文化上的暧昧对照意味？显然汤祯兆是要借"乱步"望文生义的意念，企图用"乱"与"杂踏"而不是宏观鸟瞰与系统化的书写策略，去拆解与分析日本文化。在大量消费东洋文化产品的大潮流下，他游击战式地将一些意识形态逐个击破与非神秘化，但同时亦不排除从"不正途"的路径上寻找对这些日本人事迷恋的快感根据地。相对而言，Rambo电影代表的却是一种重构国家身份的大叙述，毫不含糊地，是列根／里根时代保守大右派回朝的代言人。小布殊／小布什当政的〔1990年代〕美国，或许也是这种Rambo文化明目张胆的再生与延续大路。如果Rambo直截了当地展现着大美国的国族身份，如果Rambo的满身横练肌肉表达了一种自我纪律约制的人为秩序，那么乱步却暗示了汤祯兆在日本文化观察上对自我身份的游离，拒绝自制，甚至沉溺放纵。

把乱步扯上蓝保／兰博，只证明了我这个"不知日者"的无知，亦反映了凡事以西方文化作为参照的无理标准。隔了这么一段时间，《乱步东洋》已经修订发展为《日本变容》；知日的汤祯兆固然对日本文化一往情深，继续观写它的跳跃脉动。而我呢，过了这些岁月，对日本的认识,可又有什么增长?或甚至是减退?当中国经济体在数字上已经超越了日本、当中日关系过去十年至今冷冷热热的也好不到哪里去,作为中国一部分的、可能曾经也算是个哈日城市的香港,对日本,还有什么角色可演?

已故的日本中国专家沟口雄三先生,曾经这样形容从中国(应该也包括香港吧?)大批涌到日本的研究者、留学生:他们都说为学习日本现代化的成功秘诀而来,但是,现代化在他们的意识里,只是不折不扣的西化。换言之,近代日本和中国之间总是以"西方"作为媒介或者视角,而不少中国人和日本人都是以西方的角度、标准来看待中国和日本的现代。沟口感叹,这些声称要研究日本现代化的人,其动机到目的是彻头彻尾地以自我为中心,只关心中国要怎样"现代化"。然而,反过来对日本无限憧憬、批判中国的现代,关心的也不是日本现代化过程的实际情况,同样是以自我为中心。

要认识研究一个文化,自我中心地学习、批判或憧憬的态度都不行,那沟口先生有什么好提议呢?似乎他是以自己研究中国的方法,为我们提供一种范式:"赤手空拳"地,不带既定的价值观念与期待,接受与自己意识不吻合的事物,走进研究对象的世界里,去解开与我相异甚至相反的他者之谜,并且要打破在无意识中支配着我们的"西方就是一切"的扭曲标准。

说易行难,客观现实的纠缠真的可以让人抛开自己特定的视角吗?学术的理想化期许,在昏乱变动的日常文化生活与交往中,能够应用得上吗?而且那种"赤手空拳"、不带偏见与期望的方式,如果没有了对认知物的热情,我想,最终必不能真正改变自身,只是虚空的方法一套。

汤祯兆这个东洋观察者及旅人,表面上似乎难以做到沟口先生所定立的客观性。他对分析对象的投入热情度,令他自嘲自己是个"狂迷"、"小粉丝",仿佛是要为他的分析对象树碑立典,是日本通俗文化经典化的共谋。实情他是知道自己无可救药地中了所观察事物的迷汤,难以纯粹担任理性克制的旁观评论者角色。不过,真实往往不是非黑即白的。汤祯兆感性上固然不想做单一客观身份的旁观者,但在他的文字上却又时刻浮现着一种理智的自觉性,热烈沉醉中并非没有冷静时候。他不是提醒我们以至他自己"东京是无法鸟瞰的,作为一隐喻性的用法"? 也许正是吊诡地因为距离与阻隔,"更加诱使人家继续一头栽进去,以不到黄河心不死的拼劲角力下去"。感性的迷恋热情,也可以是静心反思的动力。

从乱步到变容，汤祯兆加入了更多的日本旅行的切身体验，但他依然既是观察者又是投入者，身份立场波动重叠。广岛原爆纪念馆的一章里，他提出了令人深思的暧昧却真实的历史位置：

"香港的成长背景令我倾向逃避历史的沉重包袱，但道德感的呼吁又促使我欲多作了解。我尝试直视自己的暧昧本质，而发觉先前认同于保持沉默的受害者态度，其实也是一种个人的重叠式内心回响。可否让我们保留做历史过客的权利，在坚定执持历史的是非黑白观念之余，仍抱持一种游走于历史时空中的个人缄默权利。"

凝视日本、投入日本，最终的对象可以是日本，也可以不是，但不可避免地是反照热情观写者的自身。（2011）

目录

行行重行行

1.1

一头栽进四国去

——山林神佛的妖夜芳踪

香港人对于前往日本旅游一向心存好感，但无论怎样去开发新路线或旅游点，总没有四国的份儿。仿佛在日本四岛中，四国是一个不存在的隐形小岛，和外国人无缘无分。

四国的神秘感

　　当然传统上四国甚至也不是日本国内旅游的热点，它简朴而浓厚的民风，仅足以构成一种后花园式的故乡意味。但其实四国一直深具神秘色彩的民俗学研究热点，诺贝尔得奖人大江健三郎笔下的不少名作，正好是以四国的山林妖魅为描写对象（其中以《万延元年的足球》为代表作）。至于曾上映的灵异片《死国》，其日本发音恰与"四国"相同，而内容也正好借四国的鬼魅民间传统，来借题发挥构成现代恐怖片的基本内容，由此可见四国无远弗届的幽异神秘色彩。

　　四国也不无现代的一面，至少我们都知道广末凉子正好出生于粗朴质厚的高知市。而在《东京爱情故事》中，一众人物如完治等的出生地也是在松山市。只不过现代化的四国，大抵上对任何人也无甚吸引力。我曾听说于四国中，过去甚至可于街道上见到有狸猫出没，和人群相安并存；这不也是宫崎骏于《平成狸合战》中，人狸未交恶前的美好状态吗？

宇多津的咖啡店

　　金刀比罗宫坐落的琴平市，每逢佳节酒店一定绝早爆满。因而令到附近的小镇如宇多津及阪出等，都成为了后备的安身之所。其实宇多津和阪出都是濑户大桥进入四国方向后的桥头小镇。大家或许有所不知，四国是一海岛，故此与本州岛的联系全赖数条跨海大桥，其中尤以濑户大桥最著名。火车在桥上全速行走，十数分钟仍未能到达彼岸，因此可想象出它的宏伟程度。

　　阪出和宇多津分别位于濑户大桥的左右，而位于宇多津唯一的一家酒店，正好拥有远眺大桥的上佳景观。宇多津这个小镇人迹罕至，穿梭于镇上的Gold Tower（以158米的高度提供俯视濑户大桥的有利位置）及世界玻璃馆等地，仿佛自然而然便可诱发出懒洋洋的身处异国之情。

　　老牌的日本通唐纳德·里奇（Donald Richie）在他的游记名著 *The Inland Sea*（Kodansha America,Inc.,1993年获《国家地理》杂志的地球观察大奖Earthwatch Award）中，提到他对四国这两个小镇最深刻的印象在于镇上的咖啡店。镇上人衣着虽不会如都会般时髦，但咖啡店却一丝不苟，由Brazil、Java到Blue Mountain均一应俱全。我对他的观察颇有同感，在镇上寥寥可数的食肆中，咖啡店同样深具内在及外在美，令人明白日本人是如何珍惜生活上的小趣味及简单享受。

金刀比罗宫

位于四国琴平市的金刀比罗宫，是日本神道教的主坛，每年都有上数百万人来参拜，尤其在大除夕（12月31日），香客均换上和服通宵上山，我难得也曾有幸见识。

上金刀比罗宫，至少有两重趣味：一是认识神道教的风貌，二是考验一下个人意志。神道教是一混糅神、佛、儒的"产品"，没有自己的专属体系。正如日本学者村上重良所云："神道是作为共同祭祀而产生的民族宗教，因此并没有称作教义的思想体系。"（中译本，《国家神道》，商务印书馆，1992）用最简单的话说，神道教便是一种自然崇拜、万物有灵的宗教思想。

作为神道教的重镇，金刀比罗宫确实有慑人的气势，一方面固然因为神宫倚山而立，坐镇海拔521米高的象头山上；加上本社建于山中，令善男信女均要付出一定体力才可体会到神宫恢宏的一面。

事实上，我所指的第二重趣味，即指能否完成由山脚到山顶，一共1368级的阶梯试炼，而去到神宫尽头的奥社参拜。幸好那次我们一行五名异地香客，除了一位小姐在离开奥社不到一百级的地方放弃外，其余的人都可在黑影幢幢中抵达奥社，总算尽了"神心"。（2001）

行行重行行

1.2

九州的边缘与中心
——游戏化都市的可能性

每个人一生中大体或多或少都曾有过跟团旅游的经验,团体旅行的本质为老幼咸宜的同质普及化,而把这种观念放在日本的九州岛上,却为我带来另一重的思考经验。

G.T.O电影版变奏

众所周知九州岛是一个以主题公园(Theme Park)来组织旅游点的地方,位于宫崎的天幕沙滩(Ocean Dome)及长崎的豪斯登堡(Huis Ten Bosch)都是典型的例子。不过凑巧地给我知道了,原来两个主题公园都正在亏本。由此令我想起G.T.O(又译《麻辣教师》)电影版中最有意思的一幕,电影借一个北海道小镇幌比内为背景,透过描述小镇以建成主题公园作招徕,结果经过一段时间后终一败涂地而成为荒芜的小墟。这种以一园撑起一市的观念,不约而同给我在宫崎及长崎身上看到(当然两者仍有其他的本身特色),但却教我不禁为它们泛起一重G.T.O式的恐惧——害怕两者早晚都会落得与幌比内同一下场。

豪斯登堡的游戏化都市演绎

我想豪斯登堡是一个有趣的思考例子。日本的都市研究学者多木浩二在《都市的政治学》(岩波书店,1994年12月1版)中,曾经提及值得深思的一次经验。话说有一次来自荷兰的建筑家到日本开会,他提出对日本国内出现如豪斯登堡的建筑感到不解。因为一般来说,这类以异国古代建筑物作为建筑风格的蓝本,多数出现在殖民地里,由统治的宗主国把自己国家的建筑风格移植到殖民地去,以显示主权的行使及稍为冲淡怀乡之情。

荷兰和日本既没有宗主国和殖民地之间的关系,尽管自幕府时代以来,两国一直有保持亲切的联系,但现在完全把历史背景抽离,以单纯地把荷兰的建筑物风格移植成一主题公园作玩乐用途,可说是把都市彻底游戏化的一重演绎。

行行重行行

同构型ＶＳ地方性

这重建设主题公园的方向,其实也是人造乌托邦的演绎态度。从传统的发展上来说,正是由现实过渡到拟象物的道路,正如19世纪中美国出现大量的游乐场,而以乘木马来为游客取代乘马的真实经验相若,把人生体验予以游戏化的重构再造。

事实上,把都市予以游戏化的再造,一直是一种政治化的都市建构设计观念,成功与否可谓见仁见智。提倡者大多以为本来地方没有任何过人特色,于是为免村镇的衰落,而兴起主题公园化的都市重整构思。但与此同时所不能避免的,一定是地方色彩的消失,把村镇和过去的历史集体记忆画上分离的句号。我自己的经验为主题公园的同质化,往往令人失去了辨别区分的能力。

七八年前当我第一次只身到长崎的主题公园游历时,和1999年往豪斯登堡并无大异。而记忆系统更一度出错——我以为以前已曾到过豪斯登堡一游!直到好一段时间后,我才弄清上一次的目的地为长崎的荷兰村,是一个在豪斯登堡毗邻的另一主题公园;两者同样以荷兰建筑物风格作招徕,甚至有船把两园接驳起来。至于为何要一买开二?不要问我,我其实已被弄得有点头昏脑涨。

狂欢意义的掏空

在游戏化的设计中,庆典化的安排已成为既定的手段之一。所以无论在长崎的豪斯登堡,抑或宫崎的天幕沙滩,都与东京的迪斯尼乐园大同小异,必须在每晚制造出一些庆典给游客带来节日狂欢的虚拟幻象。

天幕沙滩选择了镭射激光表演,而豪斯登堡更买一开三:分别有游艇巡逻汇演,激光表演及烟花发放。坦白说,除了后者的烟花表演能充分利用到公园内空旷环境却能令游客集中的特点,把发放的烟花和游客距离接近而带来不错的临场体验外,其他均可以"淡出鸟"来形容。这也是庆典化被彻底形式化后的没落无奈结局收场。

在巴赫金(Bakhtin)的狂欢化理论(Carnivalization)中,我们都知道他强调了大众文化的力量,透过在公众广场上举行的节目宴会,来讴歌民众追求感官愉悦及反叛建制的创造力。放在都市化发展的进程中看,主题公园的庆典化活动,某种程度也是企图重现狂欢力量的生产机制。只不过原来具有解放旧有社会秩序的力量,一旦形象化地成为有既定规律的消闲活动后,本来的混杂狂气生命力便荡然无存,仅成为一被掏空了意义的空壳庆典。事实上,这也是现代化都市设计的一项常见的困局,不少设计者利用"庆典化"的观念

行行重行行

来为不同的都市城镇注入活力，希望可以为它们打重生的强心针，结果往往却带来加速衰亡的恶果，成为一反讽味十足的结局。

在福冈遇见贞子

即使不以一园来支撑起一个城市，但于现代都市中主题公园的观念已深入"民心"。是的，它也可以为我们带来一丝的触动，我在福冈的世纪娱乐城（Canal City）中，曾经站在内里的Joypolis游戏城前犹豫了好一会。Joypolis是世嘉（SEGA）旗下的一个室内主题娱乐城，以有限的空间来制造出主题公园的效果来。凑巧我来到之时，Joypolis正以《午夜凶铃之贞子前传》（Ring O－贞子一）的新游戏作为卖点（前传以仲间由纪惠饰演贞子），我终于禁不住好奇心入场一试。所谓的《贞子前传》游戏，原来是一众人进入一间装饰得破落的鬼屋中，然后围坐在一张木桌两边，各人戴上听筒来感觉关灯后漆黑一片的日语旁白惊栗效果。相信经过以上的描述后，大家都知道我又受骗了。在馆内的芸芸游戏之中，只有《贞子前传》一项没有内容上的具体说明，仅以"电影《贞子前传》的先行体验！贞子的过去终于一清二白……"作为招徕，我没有任何抱怨，因为一切是自己心甘情愿的。只是在福冈遇上贞子，也令我想到主题公园的普遍制约。

一次性的消费

是的，Joypolis的贞子经验，令我醒觉所有主题公园都有一次性消费的设计制约。坦白说，即若宫崎的天幕沙滩，又或是长崎的豪斯登堡，都有若干程度的吸引力。但问题是它们都不具备教游客重来的催生能力，情况正如我八九年前到过长崎的荷兰村后，豪斯登堡已成为一可有可无的高度可替代品。

这种一次性的消费模式，也是大部分主题公园的普遍致命伤。当然也有例外的情况，对我来说闷极透顶的东京迪斯尼乐园，可以保持每年的盈利能力，正好拜国内游客不断反复重来的支持。东京迪斯尼乐园自有其另一重文化上的重要性所在（对日本人来说），但其他先天不足的主题公园，看来却不易收到同样的效果。

到头来，或许只是我自己的问题。如果不是偷懒想什么也不去打点，也不会以团体旅游的方式重来九州岛。但手头的停工却不代表脑部活动的中止，如果都市的游戏化设计出了问题。其实也不过代表了作为游人的我们同样也出了问题。大家请不要忘记，设计者是为了取悦我们才作游戏化的布局安排，而处身于游戏之中，不也是我们的都市人表白吗？（2001）

1.3
天涯何处觅香川
——约会村上春树与唐纳德·里奇

如果给我在启程前看到村上春树的《边境·近境》（台北时报，1999），我相信去四国的经验一定有所不同，至少不会对入香川县而没有吃过著名的乌龙面而耿耿于怀。但我认为一切乃上天所注定的，反正马后炮也来得虚耗光阴；如果我能够和村上春树分享到一点什么，那必然为香川县中弥漫着的淡出鸟来的小镇风土人情。

香川乌龙面

处处扑空的旅程

能够提起心情往四国走，很大程度是基于友人的妻子为地道的四国原居民——相传她的少女时代，仍可在老家的街道上看到有狸猫和人共处往来，而她的老家正好在予钻线的伊予三岛市上。当我们从冈山市转乘濑户大桥线由本州岛进入四国之际，心中一直盘算四国可以如何荒芜呢？如果再没有狸猫，那么一两只小动物，怕许仍可以偶然一瞥而有所触动吧。

但事实告诉我们，由于我们挑选了在新年期间到四国出游，友人的四国妻子难得回乡度岁，结果也无暇会面相聚。我先后在予钻线两度经过伊予三岛市站，却始终限于做一个列车上的过客，仅能如本村拓哉于《沉睡森林》般，依恋于车座上去想象月台背后的人情物事。

淡出鸟来的小镇

后来我们去了宇多津及琴平一带，打算往金刀比罗宫一窥除夕上祭的地道风俗色彩。对于我们这些都市来客，香川县这一带的小镇委实有一种淡如白开水的休闲气息。是村上春树提醒我的，来自香川县的人均提到乌龙面，大都和自己故乡无甚可观，因而可触发的话题也相当有限云云。他甚至提及有《赞岐乌龙面》之类的会报式出版物，令人感到香川县的人民除了乌龙面之外，或许已想不出其他的事情来了。

我对他这种观察，坦白说可谓颇有同感，或许这也代表了我们一众来自都市的游客之普遍心态吧。那不一定是一种负面的讥讽，正如陈冠中在小说《什么都没有发生》所云："快乐是：什么都没有发生；不快乐是：什么都没有发生。"（香港青文，1999）所以淡出鸟来的基调氛围，对我们这些外来人而言，大抵为不容置喙的事实；子非香川县子民，安知县民的忧乐乎？

洗澡后的文化冲击

　　反之在琴平的一次入浴经验，倒教我留下较深刻的印象。其实老牌日本通唐纳德·里奇于 *The Inland Sea*（Kodansha America,Inc.,1993）中，也曾提到一次于香川县阪出市的入浴经验。他是白种老外，出入澡堂自然惹人注目。他提到入澡堂后，立即被内里的乡民视之为"异物"似的，一些小朋友自然作鉴赏奇观——你看，他是全白的！哗！他竟然全身都是毛发！

　　而那些大人更加如看到洪水猛兽般，"快！穿上衣服，我们回家去了！"，"静下来，我们要走了！"我庆幸自己在澡堂内没有惹起相若的经验，至少在肉帛相见后，自己大抵和日本人也没有多少差别。唐纳德·里奇的经验说明了香川县的老百姓委实民风纯朴，显然仍残留某种程度的惧外意识。我在琴平的澡堂内，却一直在思考另一个问题——那就是香川县的人，是否都皮坚肉厚有横练不死身，可以抵御超凡高温的入浴池水？因为我在琴平的澡堂内，坦白说遇上了一生人所曾见识的最高温池水，无论我运起多少重天的功力，均

　　　　　　　　行行重行行

无法浸身于池内。我一直在只剩自己一人的浴堂内赖死不走，为的是希望见识他人的入浴神功。好不容易待得有两名青年进来共赴炼狱，可惜他们同样与我不堪一击，令我好生失望，后来我出外后才回头一想，因为那一天恰好是大除夕，他俩大可能为与我同道的外地游客，入浴只为打发凌晨前上神宫参观前的时光，所以一切均不能作准，由是令我落得无法释破疑惑障闷。

香川的县民性

后来查书才知道在四国流传着一个小笑话：如果忽然从天掉下来一千日元，那么你会怎样处置呢？而据说香川县人，会说一句真的衷心感谢！然后把千元贮起来，好好加以保存收藏。

大抵这个所谓的笑话，已经一清二楚道明香川人的老实人性格。于祖父江孝男的《县民性——文化人类学的考察》中（中央公论社，1994年6月36版），他形容香川县人的性格，一般被形容为"温和、认真和周详"。换句话说，香川县人大抵个性不强，没有所谓的豪爽之士；既没有豪强富户，也没有赤贫线下的贫民，简言之十居其九都是平凡不过的普罗大众老实人。

祖父江孝男分析位于香川的赞岐人，因为乡土中的耕地甚少，大家缺乏相互竞争的气氛，由是惯于以温和的手段去处理人情物事的往来交接。事实上，日本人也有一句俗谚，认为"赞岐男及阿波女"是优秀的种族；前者以温和及认真见称，后者则以盛产美女为著，可见小镇风情也实在有其吸引力。

这一种县民性，恰也和村上春树笔下的香川人民，有遥相呼应的吻合作用。可惜我在宇多津及琴平一带流连之际，于此没有多大体会，原因只得一个——当地的人迹委实稀少，要找机会来与人作直接交谈沟通，大抵也不是一件易事。

是的，既然如此为何还要到香川一游？原因其实只是一个，只因我们是都市来客。天涯何处无香川？途上满是行人，那怕乡人笑！（2001）

1.4
天涯海角的趣味
——风之谷与极地旅人

对日本地理较有认识的读者，或许会知道本州岛的北部分成为两个半岛，而本州岛和北海道之间乃隔了一个津轻海峡。两个半岛分别为津轻半岛和下北半岛，同样是我今次旅程的目的地之一。

风之谷龙飞崎

　　我把津轻半岛的目标锁定在极北之地龙飞崎。龙飞崎是一个人迹稀疏的小港，却有一种传统与现代纠缠在一起的风味。它既是自杀身死的名作家太宰治笔下的主要场景，他于《津轻》中有以下的概略描述：当地的路径无论通往何方，均可与湖滨砂径相连。而愈朝陡峭的山路上行，所见的更多为奇形怪状之小屋，教人仿如堕进一个不可思议的世界中去。而诸君来到这里，仿佛自己的路也走到了尽头。悲凉至此，又怎能不自杀而终？尤其是龙飞崎的屋舍均倚山而建，大部分的旅馆也在山顶之上，由巴士总站沿山路而上，约二十分钟许。在上上落落之间（是的，我们那天也上落了好几遍），委实甚能感受到太宰治的笔下风情。现在于邮局旁的奥谷旅馆，仍保留了当年太宰治入住的亲笔登记录。号称为太宰治迷的戛纳影帝梁朝伟（编注：梁朝伟于2000年第53届戛纳电影节上凭《花样年华》的表演获最佳男演员奖。），看来也应该抽空到此一游，来感受一下所仰慕的绝地悲情。

　　龙飞崎现代化的一端在于山上有一风力发电公园。由于龙飞崎每年的平均风速为每秒十米，名符其实为"风之谷"，于是成为了日本目前最先进的家用风力发电实验区。现在风力发电区的年产量，约为二千三百户的全年消耗总和，整体表现上只能算是一般。但为了解决未来资源的问题，不失为踏出了尝试的第一步。

津轻极地绝景

　　津轻极北的龙飞崎苍凉苦寒，不难想象身处其中，人的心情也会倾向颓唐萎靡。太宰治一生的精力置于津轻上，自杀告终恍若是一恰当的结局。事实上，津轻海峡的绝地凄清，委实牵动了不少人的心弦。

在龙飞崎的山上，树立了一块歌谣碑，只要启动按钮，便会播出老歌《津轻海峡·冬景色》。我对填词人阿久悠的细致观察铺排颇为佩服，事实上它的确乃一教人同悲同泣的哀伤怨曲：

上野出发的夜行列车
下车时青森站已在雪景中
回到北方，人群内
谁也不发一言
只有海的鸣叫
我再一个人乘上渡轮
所见之处，均有海鸥在低泣
津轻海峡之冬景色

就是这样，如泣如诉把悲情宣泄出来，令人低徊不已。我们一行人正是乘上野开的夜行列车上来东北，加上龙飞崎四周的海景，自然令人对歌碑所云感同身受。歌中所云，明显已是一心理上的投射，而非单纯为景色的感触。事实上，龙飞崎委实满载悲情。龙飞崎位于津轻极北，山下及水中正是青函海底隧道的过处。青函指青森和函馆，隧道通过津轻海峡，成为了贯通了北海道及本州岛的交通要道。这条长约五万四千米的海底隧道，建筑时间前后耗上24年，其间更多次出现大型的入水意外，最严重的一次入水分速竟高至85吨！由此可知多少人在工程中失去生命，现于山上仍有殉职者的慰灵碑，更为龙飞崎添上另一重苦涩气息。

本州岛之北　天涯海角

作为一个旅人，任你承不承认，我们往往都对天涯海角有一种浪漫想象，仿佛去到了极点，便自然会有什么发生似的。当然村上春树早已告诉我们，其实一切也无大分野，只不过想象本身已是一不证自明的原动力，和结局的得失并无多大关连。

行行重行行

　　先前提过本州岛之北端分为津轻半岛及下北半岛，龙飞崎为津轻半岛的极北，而大间崎则是下北半岛之极北。而大间崎因为纬度较高，所以成为了日本本州岛最北的尖端。最北之外还有什么？其实还有一个孤悬海中的弁天岛。但除此地理上的所指外，更重要的是心情的转变。日本的短命天才诗人石川啄木的作品，也在大间崎被树立成歌碑。从他的短歌中，也很能感受到一种诗人的敏感触觉，其二云："在小岛的沙岸上／远在东海／哭倦了／我和蟹嬉戏起来。"其三则为："在写下'大'字超过百次后，我放弃求死的想法回家去。"

　　两首短歌均教人感受到诗人的敏感，甚至为略带神经质的感伤情绪，而这正是由一种极地处境而触发。人到了极地仿佛便向一个阶段告终，是自毁还是再生，往往为一体的两面。石川啄木一生短命愁苦，求死的心态常存心中。而他来到大间崎，面对极北绝景，感伤不过是一平常不过的反应；而我望着看不清的对岸，踏着可以踩进大平洋水中的梯级，终于感受到天涯海角的另一重滋味。

远上青森无人家

　　第一次到青森是数年前的初冬，青森一向以苦寒及贫瘠见称，别有一番凄凉肃杀之景。那时候我不过为过路的旅人，于青森等候转车往北海道的函馆，但即使仅在月台上逗留片刻，已被寒入心沁的冷风及四望无人的苍凉气氛，弄得浑身不自在，恨不得快点乘车离开这个鬼地方。

　　今次重临停留的时间久了，也在市内周游了一转。印象却没有多大改变，作为市内重点的自然公园及旅游点的侫武多里（青森市每年最大的祭典便是侫武多祭，即Nebuta祭，于八月初举行，场面鼎盛），于星期日竟然也人迹稀少。伊夫林·凯（Evelyn Kaye）在《日本惊奇》（*Adventures in Japan*，台北马可孛罗，2001）中也提到她曾到弘前的侫武多村见识（弘前和青森都是本州岛北部的大城市，风俗习惯相若），"一尊巨大、威吓倒慑人的战士穿戴金盔金甲，眼睛圆睁，髭须墨黑，表情英勇，骑在一匹疾驰的灰马上。"她提及的情景，大抵和青森的侫武多里相若，只不过热闹气氛却远远有别。至于市中心的Bay Bridge桥畔，乃至商店街的角落，全都是地广人疏。如果不是间或有一些东洋辣妹作街头舞蹈即兴演出，气氛大抵会更加冷清。

　　整个城市最热炽的仅为市内周围均可听到的侫武多之歌。因为侫武多祭是年度大事，各大商社早于湾畔空地各占仓库，加紧赶工制作侫武多花车。而市内民众看来也作了总动员配合，不少人均在积极排练祭祀中的乐章。侫武多之歌仅以三种乐器奏出，分别为日式横笛、太鼓及铜钹，其中以太鼓之声最突出，瞬间能把旁观者的心神牵动。在冷清寥落的县市中，年度祭典看来是唯一能激发全民热情的催化剂，仿佛所有人的精力都要在这一年一度的盛典中拚命发挥出来；只是人声鼎沸背后的凄冷，却一点也没有改变，仿若从前。我一直边走边看，不断问自己还会否第三次再到青森？而我想或许只有侫武多祭才会有教人重来的冲动。是的，到底苍凉的承受能力始终有限，如果不利用人气鼎沸来增加气氛，也难以改变局面。（2001）

1.5
日本后园地之旅
——城乡的角力战

是的，像我惯了在东京或其他日本大城市往来的都市客，一旦去到日本的"后花园"，很容易会手足无措。我的经验是，如果有幸去见识，千万不要放弃机会，否则将会后悔莫及。

岩手的原野世界

岩手县在日本本州岛的东北部分，而盛冈市就是整个县的中心。在念书期间，我曾跟随老师一直深入岩手，去到葛卷町经营农场的友人家中作生活体验。

对于像我这样一个彻头彻尾的都市人来说，能够在原野间生活一段日子，自然是天大快事。每天六时起床梳洗，然后便到农场体验干活滋味，由观摩如何掐取牛奶（一切已由机械协助），到整埋搬运禾草均充满新意；加上照顾我们的井上先生一家人都热情好客，委实令我过得不亦乐乎。

来自东京的女性

更令我好奇的，是井上太太的出身——原来她是百分百东京女郎，跟我老师是大学同学，情如金兰姐妹，所以老师也一直担心自己的好友能否适应农场的乡下生活。当时我用半咸不淡的日语与井上太太攀谈，加上老师旁的翻译和协助，我才弄清事情的原貌——原来井上太太的家人一直反对她嫁到岩手，除了担心爱女吃不消外，更忧心乡下人封闭保守生活圈子有排外的情绪。井上太太坦承一切所言非虚，事实上在初到此地时，左邻右里的蜚短流长，确实困扰了她一段很长的日子。

井上太太为了刻意融入当地生活圈子，努力和左邻右里搞好关系。但不久后，她便发觉无论自己如何做到满分，别人仍总会在背后挑剔，终于她明白在农民的圈子中，出身已经决定一切。既然自己无法改变出身，于是她立意去做回自己，把收藏起来的古典音乐重新拿出来听，为自己泡一杯香浓的咖啡去除倦气，重新拾回过去钟爱的生活趣味。

行行重行行

《流氓侠医》的现世呼应

现在回想起来，井上太太的遭遇不啻是史村翔经典漫画《流氓侠医》的故事变奏，漫画中第四十三回的《决心》，说的正是一名都市女性，为了跟从丈夫回乡行医而饱尝苦头的经历，结果险些弄至婚姻破裂而要逃回东京。全靠田野的村民上上下下均关心医生一家人，才令到医生太太回心转意，终安心在穷乡僻壤落地生根。

我们习惯了美化田野乡民的人格，一向惯于突出乡民的纯朴良善一面。但现实中他们的封闭自保也令人气闷难受，《流氓侠医》要突出的是互助互惠的社团气氛，跟井上太太遇上的今日面貌其实无大分别，只不过如何才能成为其中一分子，就一向不是一件容易的事。

由乡村回到城市

我在岩手逗留的期间，也跑到泷泽车站旁的石川啄木纪念馆观赏。他是日本近代的著名短歌诗人（1886年出生），也是岩手县人。

纪念馆的简陋及俭朴，正好反映出诗人一生都离不开贫困的生活环境。即使他在盛冈中学退学后到东京碰运气，也没有好的音讯，最后更在这个陌生的城市，因染上肺结核，于26岁的英年便早逝离世。

石川啄木的悲惨遭遇，令我警醒到现实中的乡村实况。我在逗留在农场的日子，尽管新鲜瓜果及牛奶的供应不绝，但饮食一切其实以清淡为主，间接流露出一种现实生活中的真实简朴气息。作为一个来自都市的过客，其实从井上太太及石川啄木的身上，均感受到一若即若离的乡村生活压力——虽然这一次我是一个快乐的旅客。

我尝试把岩手的体验带回都市，回到东京后立即到书局找石川啄木的作品翻看，侥幸地寻获他两本代表作《罗马字日记》及《悲哀的玩具》的英译本，在他的诗作中，不断提到为买一本书而惆怅，又或是活在不断找工作的压力下。是的，看来我还是选对了身份，以游客的位置去出入城乡，透过调节角度去扩大视野。

其实有时我也怀疑，如果那一次的岩手旅程，如果没有了井上太太及石川啄木，会否就会变得不痛不痒……（2001）

1.6
火山消费的出生入死
——虚拟的旅游体验

最近北海道的有珠山，出现了异常的变动，显示了有爆发的危机。其实不少港人应对有珠山不太陌生，因为附近一带的洞爷湖及登别温泉等，都是著名的温泉区，不少人都可能曾经在那里泡过温泉哩！

普及化的旅游区

事实上，洞爷湖及登别温泉等地的平民普及化（尤其是向外国游客而言），也是近年才开始出现的情况。我们都知道北海道是日本温泉的集中地，沿海或在湖畔的温泉胜景可谓数不胜数。即若在洞爷湖及登别温泉的周边，仍可随时找到如支笏湖及美利河温泉等例子，和它们分庭抗礼。

当然洞爷湖及登别温泉的优胜之处，也在于两者均直接有火车可到达，而且同位于室兰本线和函馆本在线。众所周知，北海道的室兰本线和函馆本线是十分著名的火车线，出于他们乃沿海岸线而建成，所以虽然是运输交通系统，但本身也是一旅游景点。情况就如我们由成都入昆明，如果没有坐过成昆铁路，大抵都不见得是一件光彩的事。

只不过普及大众化是好是坏，一直也有人争议。情况正如John Urry在《游客的凝视》（*The Tourist Gaze*, Sage Publiccaton Ltd.,1990）中，分析英国黑池（Blackpool）被火车接上后，出现了社会档次下调的局面。本来黑池是一些高级旅客的流连胜地，但因为火车的大量运输系统介入，以及人数没有适当管制，以至成千上万的普罗游客涌进，令黑池无复昔日的荣耀级数。

事实上，洞爷湖及登别温泉等地，也大同小异地面对相若的问题。显而易见，从档次上去比较，邻近的支笏湖远胜两者；而且从发展的方向上来说，更加明显看得出路线的差距益大。

行行重行行

　　以洞爷湖为例，它本身已有有珠山及昭和新山两座火山毗邻，作为旅游胜点已略占优势。加上每逢夏季，又往往推出晚晚放烟花的活动，这种"迪斯尼乐园"化的设计，自然令它向大众化靠拢。事实上，与之相对的支笏湖，正好以宁静优雅取胜，形成了一体的两面，分别迎合不同档次游客的需求。

不同"场域"的争持

　　其实洞爷湖及登别一带的变形，也可用布尔迪厄（Pierre Bourdieu）的"场域"（Champs）观念审视。布尔迪厄所用的"场域"，是指一种"力场"（A Field of Forces），而非空间意义上的地理领域。简言之，"场域"即指由各种社会地位和职务所建构出来的空间，性质决定于空间中各人所占据的社会地位和职务。不同的地位和职务，会使建立于职务占有者之间的关系，呈现不同性质的网络体系，因而也使各种场域的性质有所区别。洞爷湖及登别的使用策略，同样是一个斗争"场域"，不同身份力量的代言人均会有发言的机会，有人可能倾向保留原有景致，有人可能锐意谋求经济发展；即若在同意发展的基础上，也会有人会持走高或低档次的方向争辩。所以"场域"的争持，也是一场游戏，是斗争及策略角力的地方，当然最终也会出现成败胜负的分野。

旅游程序化的方向

　　现在洞爷湖及登别的发展方向，明显是向旅游程序化靠拢，也就是把休闲活动合理化的路线。这里的"合理化"描述，是借用自韦伯（Max Webber）对官僚制度的合理化讨论观念。韦伯描述了西方如何为了一步步取得合理化的利益，即以高效率、可预测性、可计算性及可控制人的非人技术，而逐渐产生了一种独特的理性——"形式理性"。简言之，形式理性意味人类为了达到一特定的目标而对最佳手段的搜寻，是由一些规则、规定以及更大的社会结构所决定的。

所以休闲活动也可视作者逃避日常事务的合理化表现，到洞爷湖及登别有了大型的公共交通运输工具支持，安坐酒店已可欣赏到窗外发放的烟花，而温泉又可足不出户享用，至于其他的现化享乐和卡拉OK及游戏机等又形影相随，综合而言已经为游客的旅程完全程序化了，令大家堕进"合理性的铁笼"中，成为不由自主的旅行奴隶。

四季冒烟的火山

回到最近的热门话题有珠火山，我曾两度到过洞爷湖，也曾上山眺望有珠山及毗邻的昭和新山。印象中火山一年四季均有白烟冒出，看上去颇有气势，而且乘登山缆车上山顶后，坐在山顶的咖啡店悠闲作乐，也是一件赏心乐事。

事实上，在洞爷湖温泉街的入口，还有一幢火山科学馆的建设，内里展示了有珠山的火山爆发及山泥成流的灾难情况。而在入口处，更展示了上次于1979年大爆发时，被飞下巨石击毁的虻田町市长的坐驾车。而馆内也设有一模拟地震馆，供游人进来感受一下处于火山爆发环境中的感觉，还延续到18分钟之久。

连篇累牍的忆述，其实旨在唤起作为旅客的安全性消费原则。火山为游客带来一定的冒险刺激，也成为了当地人民的生活凭依（即使今次日本政府因有珠山再度爆发而下令疏离居民，受影响的人口也不过是数千，主要来自虻田町，可见当地人口密度之低）；我们选择在安全的保护距离下，才去"消费"这座有烟冒出的活火山。

在一众外电传来有关今次火山爆发的相片中，最骇人听闻的并非直升机拍下的火山冒烟上九霄的全远镜，而是一块坠裂了柏油路面的巨石——据说是从火山口飞坠下来的，那块巨石清楚地告诉我们现实与拟象之间的差异，喜气洋洋的游客化程序，其实背后有他人的出生入死威胁在背后。现在火山"发火"，说明了我们去消费有珠山，只不过和大部分的消费活动相若——消费火山其实并没有令我们增加了对火山的多大认识，一切均只属皮毛表层的消费活动而已，和旅游程序化的不痛不痒方向互相紧密呼应。（2001）

1.7

由八户到三泽

—— 不明东北地带

丰川悦司和夏川结衣主演的日剧《青鸟》，一直是我的心头好。他们在剧中私奔出走，一直跑到青森县的八户市。今次到东北出游，我第一站便锁定要到八户，来作一次追踪之旅。

天涯海角寻"鲛"记

当乘夜车抵达八户后，我发觉原来丰川悦司三人（还有夏川的女儿）一直在八户在线左闪右避。八户在线其中一站名为"鲛"（Same），于《青鸟》中曾清楚出现于镜头之前，时乃丰川三人被人追捕得吃紧之际，于是在"鲛"站匆忙上车暂避一劫。

当我看到"鲛"站的时候，差点喜不自胜。原来"鲛"名副其实是一小镇，人迹罕至，确实为不俗的逃亡匿藏之所。后来在《青鸟》的拙劣翻版《魔女的条件》中，编剧刻意把丰川悦司和两母女的关系，改成为松岛菜菜子和泷泽秀明的忘年恋，什至连菜菜子于私奔时到海边的地方工作，也跟《青鸟》来一次亦步亦趋，看得人如坐针毡。只不过讽刺的地方，是野泽尚于《青鸟》探讨爱情真义的严肃方向（丰川悦司的所爱是谁？可否先爱上母亲再爱上女儿？），于《魔女的条件》则沦为廉价的爱情浪漫谱曲，委实令人大失所望。最讨厌的是连场景也仿佛玷污了似的，成为另一重的亵渎与不敬。

另外，"鲛"站外有一岛名胜芜岛，是日本著名的黑尾鸥集中地。由鲛站走到去芜岛，路程也要花上半小时许，而且沿途也可看到不少渔民的生活气息，如地面铺满海苔待晒干，而且又有不少渔民在维修船只。至于芜岛的名胜黑尾鸥则是候鸟，我们来到"鲛"时，适逢它们回飞到来，岛上云集了约数千头黑尾鸥。千鸥或飞或立，煞是奇观。而且或许因为它们急于求偶，于是各鸥均呱呱大喊，以图吸引同类的注意，更加是一次奇妙的新历声体验之旅。只是在芜岛神社之上，坦白说那种遍山群鸥的景况，也教人有心惊胆跳的感觉，情况就如看希区柯克的《惊鸟》，令人有不寒而栗之感。我在闲逛之时，竟也有电视台的摄制队在拍摄胜景，可见当地人也十分重视这个景点。

45 行行重行行

最有趣的是游览过芜岛后，我们到了陆奥凑的大洋食堂吃饭，想不到店内竟有丰川悦司的签名，原来他在拍《青鸟》其间，也曾到来进膳呢！世事之巧合，往往出乎我们的意料之外。

低空飞行

八户在线另一吸引的地方，是群鸥乱飞的景象。芜岛上固然有千鸥并举的盛况，但再往久慈方向出走，于更荒芜的种差海岸车站，有更诱人的人鸥接触场面。

种差海岸面向太平洋，旁边有白滨海水浴场供人畅泳。由于火车的班次稀疏，我们到达时均考虑了甚久应否逗留，幸好最后没有作了错误决定，下车见识了当地的风情。它本身长约十多公里，长满奇岩怪石，以砂石长滩见胜。种差海岸人迹较芜岛更罕至，海岸上的黑尾鸥不如芜岛般数量众多，但却更视人如无物，任意在人头上作自由自在的低空飞行。

凑巧在种差海岸遇上一家三口的小家庭，仍在牙牙学语的小妹妹，惨被同行的友人用录像机拍下更衣时的"裸照"。幸好当父亲把饵食拿来，她便天真烂漫地全身心投入去喂食黑尾鸥，忘记了先前的童年阴影。

只不过黑尾鸥也非善类，大抵肚子饿起来也不理得是成人或是小孩，三五成群毫无怜悯之心向小女孩扑食而来，吓得小粉脸花容失色。而爱捉弄女儿的年轻父亲，大抵也和我们这些旁观者般，乐于享受群鸥袭美色的一幕生活小景。

而途经种差海岸的八户线火车，往往只有一至两个车厢，且必然并无冷气设备。由芜岛至种差海岸一段，小火车沿着海岸线于太平洋畔而行，更加别具风味，成为另一意料之外的收获。这一类小火车统称为一人火车（One Man Car），指一切全凭司机一人操控所有，所以乘客很多时间要贵客自理，不过这种"小车寡客"的铁路风情，才是我们游客所向往的特备节目呢！

思入风云变态中

离开八户后，我们沿东北本线去到三泽市。三泽市是天才艺术家寺山修司的故乡，他的纪念馆是我们今次成行的主要目的地之一。但意外地给我们发现了这里原来是温泉胜地，因而令三人于古牧温泉涉泽公园的温泉酒店逗留了两晚。

　　古牧温泉公园有二十二万坪之广，酒店连成一体，竟然有四间之多，可见规模之宏大。酒店内有一大岩风吕，大至一千二百坪，同一时间竟可容纳二千人入浴。如果真的出现在眼前，绝对是奇观绝景。

　　我们三人较偏好位于第二Grand Hotel的瑞凤浴殿，它号称为"绝景露天风吕（浴场）"。内分男、女两边，男的名为"泷见之汤"（意即看到瀑布的温泉），而女的名为"湖上之汤"，同样名副其实童叟无欺。

　　两边的露天风吕其实同样眺望瑞凤池，池上有冈本太郎所造的河童神像，更添一分神秘色彩。池中锦鲤且不时飞身出水，人鱼对望，颇有卞之琳小诗中的人物共化之景。

　　在温泉酒店的连接通路，展出了不少当地文人的墨宝。其中最深得我心的是一句"思入风云变态中"，当中自有作"非常态"之释。"思入风云"所得的当乃非常态之果，于我而言正好借用来作为对寺山修司的礼赞。

行行重行行

根精神的悲哀

在三泽逗留的其间，不经意地发觉了泊宿的古牧温泉，原来连续八年均名列全日本的温泉排名第一位。在古牧温泉的涉泽公园内，我后来才发现内里还有一个河童沼，是当地人用来作为龙神祭的主要场所。

河童沼被翠绿山峦环抱，而且装饰也十分别致。沼内池畔矮树多经人工修剪，尤以在入口旁的龙神造型及冈本太郎式的河童造像至为吸引，甚具蒂姆·伯顿于《幻海奇缘》（编注：内地译为《剪刀手爱德华》）中的剪刀手风格。

河童沼畔还有供奉神祀的各式小殿，除了各式各样的河童神外，更显眼的为根精神。所谓根精神，即男性阳具的守护神，形状自然以阳具之形示之。小殿外列明供信徒求祀之用，但在沼旁的另一端，则给我们发现了另一根被铁链锁起的根精神。

原来传说中根精神并不自爱，爱于夜间现身，到附近的村落调戏良家妇女，结果村民向天神哭诉，天神为息民怨，于是用铁链锁起根精神，更于根精神头上派遣黑、白二神来监管他，以期令他不再为患。看着他的阶下囚潦倒相，颇有孙悟空困于五指山下之感；空有一"头"好本领，最终也落得与河童为伴的终老下场。（2001）

1.8

再见亦是香港
—— 大阪的再思考

最近去大阪走了一转,可惜却满是遗憾,大阪的确有大量的消费购物市集,由梅田沿地道而下的心斋桥及难波,都早已成为香港游客耳熟能详的玩乐之区。而且在黑门市场的河豚(鸡泡鱼)云集气势,同样教人看得目瞪口呆,我们自然也按捺不住找间店铺把它们就地正法。至于闻名已久的空中庭园,在一百七十米的半空天台作三百六十度全景式的悠然观赏,也教人有不枉此行的兴奋。可惜,到头来我仍是若有所失⋯⋯

说不出的惆怅

我的遗憾起初是非常直觉性的，或许是由一点一点的不如意积累而成——号称大阪最大的纪伊国屋书店，原来在车站旁仅占一层的空间，买书与闲逛均教人浑身不自在，而且街上又乱哄哄的，后来才知道大阪是日本国中有数的著名违例泊车天堂。而商店无疑甚多，但论特色及精致度却远不及东京。连带走在路上，同行的一众友人也一致赞成无论郎才女貌似乎均远及不上东京的标致出众。

对于以上的若有所失，其实我没有打算深究，说到底我只是一个来去匆匆的过客，大阪于我也不过是一个路过的城市罢了。倒是直至我临上路回港，于机场的书店中遇上《大阪学》一书，才逐渐窥出个端倪来。

大阪香港双城记

《大阪学》的作者大谷晃一是帝冢山学院大学的教授，此书是他多年来以"大阪Watching"为题开讲的综合社会观察报告。原来大阪一直是一个商人之城，日本最大的超市连锁联盟店大荣(Daiei)，正是由大阪发起，而这个城市据说也满藏商法的秘密。

从一个最显浅的说法出发，大阪人十分具实用主义色彩，一切以务实为上，不以门面功夫为重。大谷晃一举出一个对比，一般东京人如果买了平价货，大都把价钱隐藏；相反大阪人则高声反以此自傲，仿佛以计算建立出来的合理性是一项美德似的。

事实上，即使在日本国内，原来也有人间歇以国内的香港及新加坡来形容大阪，当中实事求是争分夺秒的气氛弥漫洋溢。所以即如在月台上所见，大谷晃一也指出大阪的秩序远较东京逊色，普遍上大家都习惯了争先恐后淘弱留强式的前仆后继上车法，难怪一般来说大阪给人的印象都是强横及粗暴的。

这方面也可见于大阪弁（大阪方言）的使用上。相信不少人都听闻大阪弁是一种较粗鲁的语言，在日剧中也以此来开玩笑，如《不得了！》里中村玉绪的吵耳老太及《世上最爱是爸爸》中的明石家秋刀鱼的粗鲁律师，都是以大阪弁来表达本身的性格。广末凉子于《世上最爱是爸爸》中，执意不肯说大阪弁，以证明自己不欲与此不体面的语言再沾上关系，而努力以标准语作为沟通语言。然而现实中，大阪人一向不以大阪弁为耻，尤其是年纪稍长的一群更倾向以大阪弁纵横国内，一直我行我道，不会顾忌别人的看法，某种程度也看到这种商人务实伦理的偏执自信性格在内。

另一个香港？不用了

我一边看一边有恍然大悟之感。有一些朋友对大阪赞不住口，我登时才知道是一种他乡遇故知的感觉。事实上道顿堀桥及心斋桥商店街一带，不啻是翻版的香港花园街及女人街（当然货色自然不同！）。但于我来说，去日本从来就不是要认亲认戚的举动，我追求及向往的一向是日本的精致及闲适风情。现在我们一头栽进另一个香港中去，便不禁令我反问自己所为何事？

所以刚才提及的大阪性格，我们一点也不陌生，因身上有钱加倍变得自我中心（商人性格），为求便利一切便乱糟糟，而且一旦拿捏不好，所谓的"实用合理主义"精神便是财大气粗的修饰而已。很遗憾，这也是我讨厌香港的地方之一，由是我终于了解清楚自己与大阪之间的关系。（2001）

1.9
为何要去北海道？
—— 你别无选择

是的，北海道已成为亚洲游客到日本旅游的心头好，连《朝日新闻》（2001.2.21）都曾有报道，而且过去一年的游客上升百分点都超过十以上。

借戈比（Geoffrey Godbey）于《你生命中的休闲》（Leisure in Your Life：An Exploration）中的分析：旅游的定义为人主动地去到比从前去过的地方更新奇的地方旅行，对旅游者来说，目的地较出发地更新奇、更独特，更具新鲜感，是典型的"陌生化"（Defamiliarization）过程。

只不过于现代的旅游理论中，已经出现了游览者（Sightseers）与度假者（Vacationers）的区分；前者往往于一次旅游中参观各种不同的地方，后者则通常只有一个旅游地点并从哪里回家。换句话说，前者追求的是相对上未知的历程，而后者所追求的却是已知的体验。

骤眼看来，度假者的旅游宿留，好像和旅游的"陌生化"基调有所冲突，但如果从度假者的生活规律中作通盘检视，则他们的"定点旅游"策略，其实已经是全年生活中的"陌生化"空间，故此其实也没有偏离基准方向。

因此，传统上到日本的首选地为东京和大阪，正是度假者惯常去的"定点"。我们已不是"去"东京或大阪，而是"回"去罢了。而我们已经成为了识途老马，追求潮流风格已不会局限于所谓的原宿或里原宿，而是直奔东京外围的吉祥寺或自由之丘；到大阪也非为了和人在商店街争得头崩额裂，而晓得到一步之遥的宝冢感受一下手冢治虫的风情。

在这重意义上，北海道自然相对上较具新鲜感，比较能满足游览者的追寻新奇感觉的需求。然而我想提出的是，游览者始终不是旅人（Traveler）；旅人追求的是意想不到的风景，路上遇上什么人便改变明日行程的流浪式历奇感觉。相对来说，游览者要求的是一

　　　　　行行重行行

致性和复杂性两者的结合，既不欲旅游的过程因为过分的熟悉而出现厌倦感，但渴望的新鲜复杂性又不致教自己不妥及手足无措，一切企图安排在一可控制的新鲜猎奇范围之中。

　　从这方面来说，北海道显然是一合适的游览者胜地。你要游园地的刺激吗？留寿都有其一切惊险刺激的玩意，而且附送滑雪设备环境。你要温泉洗涤心灵吗？洞爷湖及登别自然可满足所求，而且还附送昭和新山的火山美景。你想重温如日光的山中湖泊美景，支笏湖也可教你有重温旧梦的感觉，何况还同场加映在湖边浸温泉的视觉及触觉的无比快意。这一切一切均说明了一个事实：北海道于今时今日的"人气"，很大程度建基于游览者对一致性及复杂性的结合追求，乃在于具备旧经验的参照下，再作进一步加添新意的尝新体验。

　　是的，所谓的北海道热其实不过局限于以札幌为中心的西南角罢了。你有兴趣到东南的钏路感受一下村上春树的笔下风情吗？（《UFO降落在钏路》，见《神的孩子全跳舞》）又或是走到东北的网走看看《监狱风云》的现代版吗？又或是不厌其烦直驰极北之地稚内感受天涯海角的孤绝气息吗？

　　不用担心，我会代你去看一看的——在不远的日子之后……（2001）

1.10
国境之西
——人车合一的快感

自行车最初代表一种文明的洗礼，到经历了高度现代化发展后，它不但没有遭淘汰，更仿佛成为一种连接人与时代及环境之间的工具。因为它带有旧时代的气息，而且亲和地把我们由家与车站（工作开始之发轫点）连接，起了中介的作用。

是的，很多时候我们都会不由自主地作了一些决定，当时也说不出所以然。但经过日子的升华后，才会陆续现出头绪。关于自行车之恋，我也有相若的感情。

踏到海角天涯

一般人去到九州岛，都会涌到火山区云仙及岛原等地去见识"云仙地狱"的滋味。可是那一年我乘新干线由早到晚赶赴长崎后，或许因为抵达后一度八月十五的"送鬼节"刚结束，我踏出车站看到满街都是祭典过后的彩带，顿时气得悲从中来。

翌日我便二话不说乘船往全日本最西的福江岛上跑——四小时的船程，终于带我去到一个从未听闻的小岛。

福江岛既是日本国境极西之地，自然四周濒海，而且古代更是遣唐使出入国境之地。不过一切对我来说却是过眼烟云，我在三井乐的青年旅舍下榻后，随手拿起一张大濑崎断崖的相片，忽然在脑中涌现这不正是海角天涯的念头。于是在旅舍借了一辆自行车，拿起小岛地图，便一把劲往断崖驰去。

自行车物语

福江岛是一个地势崎岖的小岛，公路虽然整齐宽敞，但上下起落幅度却甚大。当我的蛮劲开始用尽后，便开始知道自己原来在自讨苦吃。在这个狗不拉屎、鸟不生蛋、乌龟不上岸、人迹罕至的小岛，我逐渐才惊魂甫定反问自己为何身在此地。起初因赌气才逃出长崎，现在却流落于叫天不应叫地不闻的荒山野岭上，可说是自作孽不可活。

然而就在一边汗流浃背，一边努力坚持的过程，我逐渐爱上那种人车合一感觉。在自行车发出的声音（如车链的磨擦声和车胎下坡刹车的声音等），仿佛与自己的喘息同步起伏，刹那间在车上似乎呈现一种脑海空白的状态，进入一种忘我的境界。

是的，后来我才知道原来自己已经驰过了全日本最西的温泉（荒川温泉）而不入，丧失了泡一泡的机会。而且更扫兴的是，即使我已车不停轮地赶路，最终还是只能够看着大濑崎断崖的相片披星带月地踏上回程归途。

原来国境之极，恰如村上春树所云：不一定有什么，而且通常是什么也没有。

爱上自行车的民族

其实日本人一向对自行车有特别的感情，事实上拥有一台自行车差不多已成为所有小孩踏上青年的进阶礼标志。无论在大都市抑或乡野之地，自行车都是必备的接驳交通工具。

在昭和年代，因为自行车全由外国输入，所以更被视为身份象征，成濑巳喜男的《粗鲁》(1957) 更由高峰秀子乘上自行车在市集中穿梭往来，作为新女性自主独立的表白宣言。木下惠介的名作《二十四只眼睛》则反其道而言，借高峰秀子骑上自行车在乡野往来教书，暗喻现代教育的思维于落后地区更见逼切需要。

当然来到今时今日，自行车在日本人心目中的意义，更见复杂多变，北野武《坏孩子的天空》(台译《恣在年少》，1996) 中，安藤政信与金子贤两人对坐在一辆自行车上的乘车之法，可说camp味至极，而且也是真正的人车合一。岩井俊二于《四月物语》(1998)中也由得松隆子乘着自行车于武藏野穿梭，把自行车浪漫化一面尽情展现，而且也借此透露出一种在时空中游走的感叹（她在武藏野中寻回暗恋的学长，而在影院中导演又开玩笑来了一段虚假的古装片)。显而易见，自行车最初代表一种文明的洗礼，到经历了高度现代化发展后，它不但没有遭淘汰，更仿佛成为一种连接人与时代及环境之间的工具。它带有旧时的气息，而且亲和地把我们由家与车站（工作开始之发轫点）连接，起了中介的作用，更由此引申出刚才所述的种种微妙感情。

我第一次真正感受到自行车的滋味，始于福江岛的一天，往后回到东京，也对自己购入代步的自行车爱不释手。可惜回港后的遭遇却不太完美……（2001）

福江岛

1.11
背起背囊，到原爆馆去
——进入历史的长廊

其实我也弄不清，为何在日本念书其间，硬是为自己许下诺言，一定要到两个原爆馆一看。我不是历史迷，而且对人类沉重的灾难也无探究的热忱；如果要勉强去追思，那大抵是一种自然而然的选择。背起背囊，到原爆馆去，就是那么一回事了。

电车送我至历史现场

我是先去寻觅长崎的原爆纪念馆，到过长崎的人都知道，这个城市是以电车作为贯穿全市的主要交通工具。纵然电车穿梭于不少旅游景点，但不可否认一旦朝平和公园去后，一切眼前景象也不禁来得萧条。

其实这倒是我所渴望的，长崎的原爆数据馆是一栋毫不起眼的黝黑大厦。内里每层分别陈列不同种类的原爆遗物，参观的人三三两两，仿佛在凝聚了历史孤魂的现场作阴阳相隔的沟通。没有任何金碧辉煌的装修又或是过分的装饰，仿佛生者和死者均可透过肃穆的气氛来给予彼此一份尊重的诚敬交流。

从长崎到广岛

相反，当由长崎回到广岛的原爆馆，那种感觉却教人十分不好受。广岛的原爆馆洋洋洒洒，令人仿佛踏进一所老少咸宜且同乐的艺术馆中。当历史的伤痕被光芒照耀成为游客的凝视焦点，仿佛沉痛的苦难于一刹那间也被嘉年华化，沦为娱乐消闲的节目之一而已。

当然我们不可忘记，是广岛仍保留了当年被爆毁的建筑物残骸，供人凭吊追思。从好的方面设想，是广岛市为了纪念人类历史上的巨大灾难，而加以留下的印记供世人警惕，作用就如德国刻下保留的纳粹纪念馆，一切已属全人类的共同遗产。无论是侵略者或是被侵略者，都需要好好记存，以防止悲剧一而再、再而三的重现。

但从另一方面思考，这种把所有的历史伤痕袒胸露臂地展露人前，其实又是否属受害人的意愿；又或是对他们卸下历史悲剧的包袱，是否又会百上加斤呢？

行行重行行

走出历史的迷阵

我的想法经阅读大江健三郎的《广岛札记》(中译本，光明日报出版社，1995)后，某种程度上得到一重回响的肯定。大江健三郎提到有一位广岛人的见解，这位松阪先生对把广岛太过悲情化的政治表现，颇为不以为然。

"被炸后的第十九年，活到93岁而逝世的我的祖母，她的一生虽然经历了称不上为幸福的变迁，可一直是健康的，大概没有染上原子弹爆炸的后遗症，最后自然寿终……希望你们不要忘记，也有这样的乐观的受害者，他们没有后遗症，与其充当反对原子弹爆炸的数据，不如切实地把自己恢复为一个普通人。"

松阪先生的怒气十分清晰，他作为历史的受害人之一，抗拒把个人的经历扩散成为公开的疤痕展示。对于历史悲剧的受害人来说，最关心的可能是如何从悲剧的迷阵中走出来，而非反复把苦难挂在口边，沦为历史悲剧人型活动布景板。至于任何把历史资料转化作其他用途的手段(如旅游娱乐化)；大抵都是受害人最不愿见到及不能接受的下场。

保持缄默的权利

此外，大江健三郎也曾提及，自己有一位出生广岛的同学，在读大学的四年里，一次也没有提起原子弹。从另一个角度考虑，对原子弹的受害者来说，为了要正常地活下去，他们也应该将一切忘却，才可以回复正常的轨道。而那一位大学同学，也正在行使他保持缄默的权利，以便及早重建新生。

在保持缄默与展露伤痕之间，我留意到当中也有一定程度呼应到日本社会的暧昧特性。日本一方面为原爆的受害国，人民在过去数十年仍深受辐射后遗症之苦；但与此同时，它的苦难又可说为自作自受，一切乃因作为侵略国的身份而遭受惩戒，令到在回顾历史伤痕之时不免出现立场上的进退维谷。究竟以何种态度去检视及重省那一段核爆历史？结果往往唯有归结于一种抽象的世界和平祝愿来予以逃避消解。

凝视暧昧的日本

自从大江健三郎于领取诺贝尔文学奖时，发表了题为"暧昧的日本的我"的演讲后，日本的暧昧性便不期然成为了外人于阅读日本社会所应用的一种新角度。从历史事实出发，正如大江健三郎所云之"作为曾践踏了亚洲的侵略者，他们染上了历史的污垢。而且，

遭受了人类第一次核攻击的广岛及长崎的死难者,那些染上了放射病的幸存者,那些从父母遗传了放射病的第二代患者,也在不断地审视着我们的道德观念"。

　　由历史事实勾引出来的暧昧性,也反映于日本政坛长期对战争责任的修改陈辞上。那些逃避责任的日本政客,由田中角荣、太平正芳、福田纠夫、竹下登至桥本龙太郎等等,可谓江山代有妖孽出。其中以桥本龙太郎的措辞最强硬,在他的《夺回政权论》中,更明言"关于对美、英、法、荷之战即所谓太平洋战争的部分,我是绝对不认为那是日本的侵略行为。"

　　当然也有一些抱持道统感的政客,尝试衷心地的作出道歉表白。由皇室三笠宫崇仁(昭和天皇末弟)为首,也有宇野宗佑、宫泽喜一、细川护熙及羽田孜等人毫不掩饰,直言以侵略战争形容国家的错失。

　　在两端反复的角力争持中,我正好观察到一种潜藏于日本人内心的复杂情意结。作为政客的言论,他们的人各言殊及颠三倒四,不一定完全和政客唯利是图及结党营私有关,而是在他们心坎中委实有一重模糊性:究竟自己是侵略者还是受害者,自己也在内心争辩不休下去而已。

行行重行行

作为历史过客的我

回到广岛。

其实所谓的暧昧性，也同样见之于我作为一个历史过客的游人身上。我和身处原爆馆内的日本年轻人相若，对所谓的原爆历史及其后遗症的影响，只有极其有限的认识。透过馆内的数据，也只能杯水车薪地补充一二的理解。

作为一个中国人，更加抱持一种暧昧的感情。香港的成长背景令我倾向逃避历史的沉重包袱，但道德感的呼吁又促使我欲多作了解。我尝试直视自己的暧昧本质，而发觉先前认同于保持沉默的受害者态度，其实也是一种个人的重叠式内心回响。可否让我们保留做历史过客的权利，在坚定执持历史的是非黑白观念之余，仍抱持一种游走于历史时空中的个人缄默权利。

正如我所云，其实我是受不住广岛原爆馆那种几近"炫耀式"的展示历史方式手法。所以在我逗留于广岛的数天中，我情愿跑进公立图书馆的电影数据部中，一头栽进黑白光影的世界里去补充我对别一重历史的认识。在原子弹及电影之间，我选择了后者，而且自得其乐。乐在其中的我，对于千里迢迢来到一个异乡的城市，却埋首于图书馆的影像数据中，一点也不觉得可惜。

生命中的沉重与轻省，归根究底是一种个人的体验。广岛从来不是我的至爱，但我也衷心祝愿所有经历苦难的民众，可以得到安息解脱。（2001）

1.12

弘前 神山 美智中毒

据我非正式的私人统计，奈良美智（编注：奈良美智是日本现今著名的现代艺术家，其作品包括漫画及动画，曾在欧美日的美术馆展出，深受欢迎）在香港的粉丝，尤其是在潮酷型人的圈子中，差不多两个之中就有一人。当我宣布会到弘前——奈良美智之故乡看他2006年A to Z的小屋装置展，友人的喧哗吵闹此起彼落，登时也竭诚尽力借出大小画册给我极速补课，务求我这个门外汉可以不辱于人。美智中毒——没有更恰当的形容，就让我携回解药让大家止瘾求乐。

"奈良美智+graf A to Z"展览

　　作为奈良美智的故乡，同乡对他的支持可说无以复加。在"吉井酒造炼瓦仓库"举行装置展，其实已属第二次，2005年已曾举行过"From the Depth of my Drawer"的展览，且动员了数千名的义工，为展览成立专门的办公室打点大小事务。仓库本来是东北的最大的炼酒厂，前身为二战后德裔设计师的杰作，但闻说早于奈良美智的童年时代已停止运作经营。2000年当美智结束12年的德国留学生涯回乡后，对这栋秀气的建筑物一见钟情，于是便执意一定要在此地办展览。闻说市政府正在积极考虑，打算在此地于未来的日子中，改建成永久性的奈良美智纪念馆，成事的机会也什高。所以一众美智中毒的狂迷，我由衷建议大家应早发先机到此一游，好教将来回忆光辉岁月中有"I was there"的荣耀先人一步。

名为"奈良美智＋graf A to Z"展览，顾名思义就是有26间小屋，在仓库内供人参观，其中部分是由奈良美智过去展览中抽取元素，加以发展而成，如他成名作之一"八角屋"就是了。其他不少重新构思，且吸纳不同国家的文化异域色彩，令人有进入了大千世界面对繁花绽放的五色目迷之感。26间小屋既有以国籍来分（泰国屋及荷兰屋等），亦有以主题来分（星之部屋及窗之屋等），在偌大的场馆内至少要花上两小时才可以走马看花浏览过梗概。场内极多义工监管场地，入口亦要求所有人把摄影器材寄存，要偷拍就要靠大家的功夫。

美智花车巡游

8月的第一个星期，一向是日本东北的重要日子：那是整个青森县都热疯了的佞武多祭(Nebuta Festival)，弘前是县内的大城市，整个星期都有巨型花车巡游的活动。不过今年弘前的佞武多祭肯定与往年不同，传统上的弘前佞武多祭以较着重小说及神话中的人物为主，其中尤其喜欢以中国《三国演义》的人物造型为中心，张飞及关羽等战神形象往往成为注目焦点。但今次奈良美智却破例插上一脚参与弘前的花车巡游，为一向杀气腾腾的古装花车，添上可爱趣致的气色，更令所有人均大开眼界。

奈良美智一共有四台花车出游，其中作为最具代表性的人物造型大头妹，正好是他的主场馆花车，且由展览义工团队再次派员负责抬车游行，青绿色的标记自大远方已教人看得一清二楚，气氛绝不比其他以人马争胜的大型花车逊色。另外还有三台由奈良美智设计人物造型，却由不同商会协助制作且负责抬行的花车，规模更大，为弘前增添独有的瑰丽夜色。

白神山地观树

弘前是东北名山白神山地的登山玄关，到弘前而不上山与大自然作亲密接触，与入宝山空手而回并无异致。所谓白神山地，是指青森县西南部与秋田县西北部，占地共13万公顷的山岳地带的统称，其中又以雄据一万七千多公顷的榉树林最为壮伟，自1993年12月始，已成为与屋久岛同样登载入世界大自然遗产的保护名单内。原因是此地为世界最大的原生榉树林，完全不经人手介入，而且为了保护大自然的景观，中央的核心地带更完全不准许一般人进入（研究者例外），作为游客的我们只能进入核心地带旁的缓冲区域，可见日本人的环保意识绝非我们能望其项背。

榉树树干参天，每年9月后开始掉下果实，然后又周而复始进行另一年的更替。一般而言榉树平均有250年的寿命，加上白神山地入冬后会封山，所以大量树木几乎世代均以原生状态自然生长，待融雪后再长生机。在榉树林内散步呼吸，终可感觉到久违了到处满溢的负离子能量气息，大口大口吐出来的乌气，瞬即为宏大的四野吸纳消化——套用我友人的感慨：来到这里，顿然感到地球还是有一线生机。要明白宫崎骏动画内的环保精神及景观的由来，这里是不异的首选之地。

"暗门"不回家

从榉树林的散步道折回往暗门瀑布的路途上，又可以体验另一种大自然风味。大约再花一个小时，就可以尽睹所有的暗门瀑布。瀑布一共有三条，由第三瀑一直往第一瀑攀登，瀑布的高度也由26米、37米上升至山顶的42米，气势层递上移。更重要是游人与瀑布的距离十分接近，在第二瀑的潭下既有洗脸嬉水，到第一瀑下更差点可以直迫飞瀑的落水处，任由瀑布溅起的水花扑向身上。那又不是全身湿透的感觉，你只会感到空气中的水分好像充盈满溢，而作为大自然一部分的你恰好与水分融为一体而已。如果你想推想武侠小说中的僧人为何要在飞瀑下练功，暗门第一瀑可以提供这重体会给你——因为躺卧在碎地阵上，抬头飞瀑正好以当头凌云的角度压入双瞳，山巅自有洞天处，确实不是骗人的狂言妄语。不过要注意白神山于11月开始封山，所以巴士的行驶日期亦只会到10月29日为止，远方来客委实要有心理准备。

而且回到起步点的游客观光中心后，那正是暗门温泉的所在地——暗门温泉的泉质为钠盐化物泉，对神经痛、筋骨痛及关节痛最有效，尤其是在行山走了大半天路之后，回到暗门温泉好好浸泡一回来离开，实在是称心不过的美好安排。暗门温泉更有露天风吕的环境，边泡边眺望群峰绵延的白神地。一旦进入红叶飘飘的季节，温泉之景委实更胜人间仙境。（2006）

1.13
道东之极 知床旅情

对大部分的香港人来说，去日本就等于城市中的购物消费，以及往温泉旅馆浸泡享受。去日本的原始森林国立公园？大抵很多人从来没有想过，在北海道东部（日本名为"道东"）的知床国立公园，正是登录为世界自然珍贵遗产之一的原始森林公园。而且旅途上还可以看到野生棕熊在大自然悠然生活，小鹿与你作零距离接触。我还想提一句：真正的风味温享，往往所费无几（甚至完全免费），感受秘汤的魅力，其实是温泉狂迷的必备入会证明履历。

Kamuiwakka汤之瀑布

Kamuiwakka汤之瀑布其实属于日本所云的秘汤之一。日本的温泉闻名中外当然是街知巷闻，原来对温泉的研究也早已入型入格，著名的温泉教授松田忠德不断出版着作，为日本人一一道尽温泉的文化之谜，他的"温泉文化论"，甚至早已成为札幌国际大学观光学系的王牌课程。在再版又再版的《温泉教授的日本全国温泉指南》，他明言绝对看不到加水加色的旅客式温泉酒店，而Kamuiwakka汤之瀑布就是他点名赞赏不已的"秘汤"之一。由于Kamuiwakka汤之瀑布旁全无住宿设施，而且属国立公园内的深处，随时可以在边泡边赏风景之余，见到有野生动物出入经过，运气好的话（当然要挑选游人较少之时），连野生棕熊及可爱的野鹿都会出现，与大自然共泡的终极意义大抵就是这个意思。

本来往秘汤浸泡当然是赤裸入浴最相宜，但由于游人出入增加的关系，近年Kamuiwakka汤之瀑布的慕名客太多，所以各人都已改为穿上泳衣入泉。另外，由于当地连简陋的更衣室也没有，所以游客最好把泳衣先穿在身上。另外，由泉底走上泉顶的标致泉池，一路上要赤脚而行，所以要小心滑倒。而日本的识途老马，会穿上一种由粗绳扎作而成的特制鞋，可以在出发前预先准备。

不过去Kamuiwakka汤之瀑布真的要留意季节时分，由于知床是日本重点的保护地方，所以开放的时间月份，事实上最近已经有新闻报道指出入知床的人数增多了，令大自然或多或少受到影响，所以有环保人士已积极建议政府考虑限制游客人数云云。无论如何，要去的话真的要尽快把握机会。由知床自然观光中心至Kamuiwakka汤之瀑布，在7月至9月中旬会有穿梭巴士运作，方便观光人士，之后便再没有巴士进出了，而知床整体上亦会在十一月开始封山。要注意由知床五湖至Kamuiwakka汤之瀑布的一段车程，是完全受管制的通道，即使打算驾车游日本，也不宜进入上述的区域，所以要抓紧时间计画行程。

知床五湖极地风光

知床五湖位于观光巴士线的中心，正是知床的核心地带。它共有五湖，不则上五湖全游一周约有三千米，大约一小时至个半小时应有看毕。但由于已踏入原生森林的区域，所以有时候会按观光中心的指示，说明那些湖泊可能有棕熊出没，会造成一定危险而作暂时封闭的处理。

知床半岛登录为世界自然遗产，不过为2005年的事情。它的棕熊密度，在世上也算是数一数二之境。而且地域辽阔，共七万一千公顷，有奇岩陡壁的海岸线，亦有高山上的

湖泊。五湖正是大自然的深入秘境，四周既有湖山一色之貌，尤其是处处倒影，令到从不同角度欣赏均可差异的景致。

在入湖口外，也特意建成别致的木制观景台，一方面可供游人登上其中远眺全景，同时又可以静观各式动物如飞鸟的生态活动，生态教育意义满溢。由于要确保游人安全，木桥上的栏下全都有电线环绕，为什么？这正好是熊出没注意的用心安排。其实自登山巴士后，广播已不断提醒大家当遇上棕熊时应有的反应。那大概是既惊又喜的处境，始终野生棕熊有一定的危险性，但能够遇上却又可以大开眼界。广播强调一定不可奔走以及饲喂棕熊，因为以上行径均极为危险，会对棕熊造成较大的刺激。原则上缓慢地离开是上策，我的同伴有幸在山上看到几头棕熊在嬉玩，自己却因为坐在车的另一边而错过了，无论如何到知床真正属感受熊出没注意的最佳实战之地。

如果时间上不许可，可以选择短程的游湖路线，于参观过第一及第二湖后有快捷方式折返起步点。其中二湖面积最大，山势连绵，眺望欣赏湖山结合是最佳的地点。一湖则有很多水生植物广披，季节适合时会出现水篱笆的景致，又有另一番风味。要注意入五湖亦有严格的管制，全程一概没有废物箱，所有携来物品均需要带走，以确保大自然环境不受人为因素影响，环保教育正好从旅游开始。

行行重行行

奇岩飞瀑哥斯拉

知床半岛的另一胜景，是由Utoro温泉乘船出海观赏它的断崖飞瀑与怪石。由于它的地壳变动，加上沉积上的演化，于是由知床半岛顶上的琉璜山流出来的河川，逐渐于入海的交汇处往往都会自然不同的特别景致。加上断崖又长年累月受大自然侵蚀，出现各式各样的有趣外貌，于是到Utoro温泉的人，一定不会错过由这里乘观光船出海欣赏的安排。

其中较为特别的断崖包括有各个不同的瀑布，包括有名为"男之泪"的汤之华瀑布、又有名为"乙女之液"的Furebe瀑布，当然还有先前提及的"神之水"瀑布；岩石方面就有象岩、观音岩及狮子岩等；而断崖就以水晶岬及知床半岛的顶端知床岬为最极地之胜景。如果挑选上合适的时间，在海上再同时享受日落的环境，那么两者自然更可相得益彰，教人留下美好的回忆。

日本的哥斯拉远近驰名，地位已几近为日本的神兽，想不到Utoro温泉都有一座著名的哥斯拉岩。位于市中心，且属坐观光船的必经之路，哥斯拉岩的奇妙之处为，无论在不同角度观看，它与哥斯拉委实有极为相似之处。加上它又处于建筑物中，于是恍如哥斯拉般准备毁坏周围环境的视觉趣味更加满溢。当地人均把哥斯拉岩视为Utoro温泉的守护神，对它膜拜有加。作为日本流行文化的狂迷，我最感兴趣是它蹲坐海边的姿态，大家都知道哥斯拉喜欢水陆两栖，现在的处境正好方便它进退两相宜，委实令人看得不禁会心微笑。

Utoro温泉虽然可说是知床半岛内人口密度最高的地方，但野生动物同样自出自入与人共处，在当地的民居附近，可随意看到大量的野鹿自由觅食，毫无防人之色，而且汽车遇上路上有野鹿经过，又会远远的便停下来以勿令野鹿受惊，事实上那也可说人与动物和平共处的乌托邦。来吧，好好把握与野鹿亲近的机会。

温泉中毒

我说过要浸温泉，不一定要花费千金。位于Utoro温泉小山丘上的"夕阳台之汤"，就是一个极佳例子。它由政府打理，属开放给公众使用的公共温泉，然而景致却教人喜出望外。主要原因是它占据了临海的山头，刚好在山丘上直视向大海，"夕阳台'之名，固然就是指在这里可以欣赏夕阳徐徐下山的漂亮景色。尤其是浸泡在露天风吕中，静观晚霞夜色，当中的享受又岂足为外人道呢！而且位于它附近的，正好就是各间豪华大酒店，当想到住客要花上接近二万元的宿费，但也享受不到你眼前的景致，那种物超所值的狂热兴奋更加涌上心头。

当然，对于永不满足的温泉狂兽如我之流，追寻秘汤已成了停不了的心瘾。要找终极的秘汤，一定不可忽略位于罗臼的熊之汤。

对于初次往知床的旅客，很多时候会放弃罗臼，因为它位于知床的另一端，一般人会觉得交通上太花时间因而放弃，其实这是受JR PASS限制的思路，因为不少人都会拿JR PASS上路，于是行程出入上惯性以铁路作为计画的基准，但我的意见为尽用PASS有时不如无PASS。何解？知床半岛位于铁路线以外，位于JR网走及钏路两个道东的大城市之间，但因为这条线只有普通列车行走，本来已十分费时，加上从罗臼出发，有阿寒巴士可直达钏路，约需四小时的车程。换句话说，由网走→知床斜里→Utoro温泉（往知床半岛各景点的中心点）→罗臼→钏路，全程无论往复均可以巴士作交通工具，既省下大量时间，而且又可以不用走回头路，对比起所付出的额外金钱，完全为物超所值的安排。

罗臼在知床半岛的另一端，由Utoro温泉乘巴士去约需一小时，我个人强烈建议到知床的游客一定不可不到罗臼一游。首先，往罗臼的巴士是唯一经过知床岬的公共交通工具，其中大雾弥漫伸手不见五指，可是一下山又豁然开朗的体验已殊足珍贵。另外，熊之汤是另一被温泉教授松田忠德点名称赞的秘汤，当地人差不多每天都上来浸泡，而且完全免费，又不令不教人感激流涕。入场免费，不过要自备梳洗用品，切戒完全毫不梳理便入池，会令人神憎鬼厌，切戒做出有辱中国人身份的事情来！

我们到访当天，更遇上远自由东京乘电单车而来的青年人，可见熊之汤的魅力之盛。不过一定要提醒大家：熊之汤的泉水温泉，超逾四十度，所以若非温泉常客，初泡者可能入池即会反弹出来。只是见到当地人二话不说，飞身跳入池内的情景，又怎不拜服大自然恩赐给人的锻炼呢。（2006）

1.14
黑岳凌云 层云生瀑

爱去北海道旅游的中国人，对道央其实毫不陌生，尤其是在道央最大的城市旭川内，要碰到游客实在易如反掌。但其中十有九人会以花田绽放的富良野及美瑛为目的地，又或是仅以层云峡或大雪山的温泉酒店为目的地。其实同一个地方，往往可以有不同的玩法，何况善用JR的石北本线，用特快列车往网走一看也十分方便，于是先把人工培植占地刚好仅仅足够填满相机的镜框暂时搁下，来一次上山泡汤入狱的旅程吧。

大雪山の山並み

远上黑岳之巅

上层云峡的游客，不少以泡温泉为目标，不过如果到层云峡而不上黑岳山顶，委实颇为可惜。因为黑岳海拔不过1984米，可说不算太高，而且从层云峡的缆车站出发（本身已处于海拔670米），乘空中大型缆车上黑岳站（海拔1300米），再转双人缆车上黑岳七合目站（海拔1520米），换言之要一鼓作气行上山顶的距离不过剩下500米左右。日本人一向对登山缆车情有独钟，对他们来说它们已溢出了交通工具的作用，成为注目的景点之一。大型缆车跨越的高度有700米，视觉上也有一定震撼力；而双人缆车本来是以滑雪式人士用的设计构成（冬季），不过由于甚具吸引力，视野辽阔而且危险性又不大（全程因应坡度而设计，即使不慎堕车其实也只会擦伤手脚而已），所以十分适合游客使用。加上在双人缆车两边的树林参天广布，实在是一段愉快的缆车时光，而且大家也可以对头迎面而来的游客打招呼，倍增亲切感。

行行重行行

回头再说由黑岳七合目站至山顶的500米的路程，由于全是陡峭向上爬的山路，坦白说也颇为费劲，只是以正常的速度而言，来回三至四小时的行程应该也可以完成旅程。一旦踏上黑岳之屿，除了可见到半山上仍未完全融解的积雪以及极目以外层云峡的山溪远景外，更教人喜出望外是山顶上长满不知名的小花，广布成披，与富良野等人工培植的花田比较，又有另一番风味可堪把玩。

上黑岳的路段，其实勉强都可说是老幼咸宜。虽然全程为上倾的斜路，而且部分段落也分别因为较为湿滑又或是凹凸不平，会构成一定难度，加上日本人也一丝不苟，在位于黑岳七合目站登山口外，要求所有入山人士均要写下数据以策万全，所以会令人有一定的担忧。只不过对平常有运动习惯的人而言，500米的斜路当然不碍事，途中我们既看到公公婆婆又或是小孩子都可以走上山巅享受极目无尽的惬意，但亦有女士在半路中途放弃打退堂鼓，所以难易的比较委实因人而异。

只不过打算上黑岳之巅的，应该尽早出发较佳，一来以免太阳当头会倍加吃力，同时过午后时间也较为紧迫，二来也避免在缆车停驶之前仍未下来，因为黑岳上全无住宿设宿，所以时间上的掌握要特别留意。另外，有不少的登山客均会在身上系上响铃，作用以防万一，即使迷路也容易被他人找到。此外，山顶的天气变幻莫测，温差与山脚的层云峡缆车站可以有十度之距，加上只要有阴云蔽日温度随时便会骤降，所以衣物上必须要有充足准备。此外，日本人又十分有礼，所以上山下山见到其他人都会打招呼，大家紧记一句Konnichiwa(你好)必然没错。

层云峡溪谷与温泉

到层云峡游玩除了浸泡温泉外，当然不可以错过游览层云峡溪谷。所谓溪谷是指由层云溪入口，至大函水坝的一段路，全长约有15千米，所以最好是在层云峡的温泉街租一台单车，然后自由自在穿梭于各溪谷景点，一举两得且又赏心悦目。溪谷流水在山岩中迂回而过，奇岩怪石在两边又相映成趣，两边的山峰及奇岩名目已教人充满期待：蝴蝶岩、鬼巢岩、双枪峰、长寿峰、白蛇之瀑及岩涧之瀑等，其中最著名的当然是流星之瀑及银河之瀑。传说中两者又名为夫妻之瀑，银河为雄瀑、流星为雌瀑，两者落差均有90米高。在层云峡溪谷深处厮守到老且守护当地的居民，所以甚为原居民重视。由层云峡的温泉街出发，乘单车不过20分钟左右的途程，但徒步则要费上个多小时，出游前要好好安排时间。另外，在流星之瀑及银河之瀑后还有云井之瀑、锦系之瀑及岩涧之瀑等，但论气势之猛则不及前两者之宏伟，所以游人可自由考虑时间上的安排。

作为著名的温泉区，层云峡当然有很多温泉酒店值得住宿。但我想提供多一个考虑要点给大家选择，往溪谷之地，一定要以露天风吕的位置来作为挑选温泉酒店或旅馆的首要考虑。首先，因为同属相同的泉区，水质本身已无差异，当然讲究一点的温泉客会挑选较接受泉水源头的酒店，确保水质最好及丰足，一定不会有加水稀释的情况出现。不过对一般的游客而言，上述的要求应该不属于考虑的首要条件，相对来说哪一间酒店可以霸占到有利位置，露天风吕可以直接眺望溪流，甚至直接临于泉上的话，当然就是最佳的选择，所以我推荐的是层云峡的Grand Hotel。因为它正位于溪流上，露天风吕的位置相当优美，而且近溪生风，即使在盛夏晚上亦有深秋的凉意，浸泡起来更加畅快舒适。相对于层云峡温泉街内的其他酒店旅馆，因为距离溪谷已有一段距离，只能隐约远眺而不可接近，风味始终会大打折扣。

虽然收费会昂贵一点，但也属物有所值的选择。
（2006）

1.15
北陆雪山 能登风情

香港的女性大部分对浸温泉有所保留，一旦一行众人去洗泡，自然担心友人面前赤裸相对，若然只有一个人，更加害怕在陌生之中会不知所措。我其实强调了很多次，浸泡温泉是身体教育的一部分，也是打破人与人之间隔膜的好方法。无论在日本又或是台湾，我都曾遇上父亲带着女儿到温泉浸泡，那份毫不拘泥以及让身体融为自然一部分的态度，当然对亲子关系及认识身体有绝对的正面作用。

当我置身于黑部峡谷山溪中的钟钓温泉，由于它是一天然露天风吕，我又有另一重的体会。露天风吕是公用的，本身没有列明为男性及女性所用，于是最初浸泡的都穿上短裤，以防有异性混浴的尴尬情况出现。

岂料过了好一段时间后，我和一同浸泡数名日本人终于按捺不住，经过最后决定一同行动——泉水本无言，裤落聆清音。大家一瞬间即放开怀抱，彼此可畅所欲言。原来他们一行三人是媒体的行家，在黑部峡谷的不同景点已逗留了一周之久，目的是为一本日本的旅游杂志，经营一长达十四页的黑部峡谷专题介绍。

我对于他们资源的充裕固然羡慕，三人中一人为写手，一人为摄影师，另一人专门负责联络及安排行程上的事宜。在长期的不景气影响下的日本传媒，仍有力支持如此阵容的采访队，委实是烂船都有三斤钉。

远上立山雪未溶

日本北陆黑部川的另一端，连接的正是立山的阿尔卑斯山脉。立山是日本的三大灵山之一，与富士山和白山合称为"日本三灵山"，过去一直有不少人抱着求神庇佑的心态而登山。

现在的立山阿尔卑斯山脉，最高点为海拔三千米以上的大汝山，加上长年的交通开发，透过多重巴士及上山缆车的连接，终于可以把游人从立山的山脚送到山顶。更吸引的是可直抵黑部湖的大坝，省却了过去必须苦行数天的脚头工夫。

前几年织田裕二主演的电影《雪茫危机》，正是在黑部大坝取景。那里冬天长期冰封，所以旅游期一般只会由春至秋。事实上，由立山至黑部大坝，更准确的说法为积雪终年可见，尤是在立山的交通枢纽中心点——大观峰。即使在盛夏时节，游人仍可随意在积雪堆上耍乐。部分艺高胆大的年轻人，更干脆爬上山坡上的雪巨块上，然后滑行下来，单是看上来已教人感到是一件赏心乐事。

在立山乘巴士也是一重享受，由于巴士穿越高原，所见的风景自然秀丽诱人。不过闻说在四五月之时，由于积雪仍厚及密封了山头，于是形成了蔚为奇观的雪壁，于是巴士便一直只能在两旁为雪壁的狭小通路中迂回前进，陷入完全被冰雪封锁的状态。历史上在豪雪地带上的雪峡谷巴士道路，竟曾出现两旁高达二十公尺的高雪，可谓甚为令人震惊。

日本登山风气转变

　　不知有多少外地游客去日本，目的是为了登山。当然，登山绝不会属流行玩意，但也一直有固定的支持者。可惜随着年代的变迁，连日本各个不同的登山组织也开始老化，历史最悠久的日本山岳会上六千人的会员中，二十一代或以下的只占七十人左右，占百分之一；有上万人会员以上的新登山俱乐部，会员的平均年龄也在六十上下。而据他们针对年轻人的调查反映，不少新一代都嫌登山危险又刻苦，沿途的泊宿及饮食环境条件均欠佳，因而令好逸恶劳的年轻人避之则吉。

　　本来登山的健康元素，早已属最佳卖点，但为了适应人心变化趋向，于是也不得不作出一定调节。最新的方向是以温泉登山作招徕，我一看见便登时叫好。试想想在山岳高处不胜寒的地方，于登山至筋疲力竭之际，忽然可以在山上温泉一洗疲劳，而且可以在山巅边泡边俯瞰大地在脚下的美景，不啻是人间无比的乐事之一。

　　位于北陆飞骋山脉白马岳的白马鑓温泉，正是近年登山者喜欢探寻的高山秘汤。白马岳、杓子岳及鑓岳是登山者爱流连的白马三山，而标高二千一百米且可以眺望群峰的白马鑓温泉，正好是山上温泉的首选之地。过去温泉登山未成为风潮之际，从白马大雪溪的登山口出发，走数小时上山后而又会留下来泊宿的人少之又少，现在透过媒体宣扬了高山秘汤的魅力后，登山留宿的人数大幅上升至四分一强，可说有益身心的活动其实始终回避不了包装的压力。

轮岛的个体户

今次其中一个目的地，是日本北陆的能登半岛。而轮岛更是能登半岛北端最接近中国的小镇，在其北的日本海中还有一个名为舳仓的小岛，上面曾居住以采鲍鱼及海螺为生的"海女"，整体来说是一气氛闲适的海畔区域。

手上的日本旅游书，本来仍记载有能登铁道的七尾线，可以把轮岛与日本JR的其他线路连接。岂料去到能登半岛，才知道因客人的数量太少，以上的线路已被迫停驶了好一段时间。

轮岛的确是一个人气不算鼎盛的小镇，可是它却有一份教人自在闲适的诱力。我在轮岛内光顾了寿司屋、网络服务店及咖啡室，它们全由一双一对的男女经营，脸上均挂着自给自足，实现了个人梦想的待客笑容。那不正是我们一长直存心中的个人空间吗？开一所充满个人风格的小店，以自己喜欢的方法经营，收入不多却足够生活之用，大抵也只有在小镇中才可以达成如此微末的梦想。

行行重行行

　　我呷着咖啡室老板认真地冲泡以店名命名的招牌咖啡，啖着寿司屋东主夫妇合力弄成的寿司便当，一边上网一边偷看网络服务店情侣店主招待其他客人——三者均说明了一个事实，就是干自己选的工作，特别有全情投入的动力来。

夏天的晚会

　　不知道大家曾否有此经验：以前我住在香港的公共屋邨时，每晚都会在公共屋邨的走廊上出现形形色色的晚会。有时会是成年人的麻将大战，有时会是孩童的跳飞机，甚或各自为政的分区及分头活动，总之就是人气满溢的聚首时分。也正因为此，大家才感到自己属于某一个小区，有所谓的邻舍感觉。

　　我在能登半岛的晚上，在不同地方竟也不约而同遇上小区性的夏天晚会，事实教人勾起以上的思忆。在和仓温泉下榻之夜，在温泉广场既有不同的摊位游戏，又有抽奖时段，无论男女老幼都能乐在其中。至于在轮岛站前，当地人更利用有限的空地架起小型舞台，供他们的太鼓乐手表演。而在车站的另一端，则有年轻人组成的乐队在纵情高歌。市民和游客就此混糅在一起，于铺上软垫的地上一口接一口享受啤酒带来的清凉快意，或坐或卧的暂时成为公众空间的主人，共同营造令人雀跃的嘉年华气氛。

　　那时那刻，我不禁想起以前的夏天晚会经验。是因为小区的构成不同了，还是小区气氛一定要在小镇中才可保存？所谓的晚会，其实不用有什么主题，只要有一共容的空间，而且来者均有自发的主动性，便自然会有充满生气的吸引力。而我们在香港，是在何时何方失去了这一股动力呢？（2009）

1.16

山梨县的暑假
——西泽溪谷的选择

数年前，有一出日本片在香港上映，名为《山梨县的暑假》，乃关于几位年轻人在山梨县度暑假的纯爱物语，当时也颇有香港的异地知音。在山梨县度暑假，固然不会如都市般多姿多彩，但却有另一番新鲜的陌生感，教人可以投入其中去让自己重觅年轻的感觉。

富士山的另一边

提起山梨县，一般人都会立即想起富士山。是的，富士山的确是山梨县最有吸引力的旅游胜地。尤其是山中湖及河口湖两大中心区，始终是一众人的山梨县首选心头好。然而我想提的是一般人都忽略了富士山的另一面，往往或从河口湖下山到大月便急忙乘中央本线回东京，又是从山中湖下御殿场接御殿场线返新宿——两种的选择对我来说均不啻入宝山空手而回，因为距大月不过数站之遥的盐山，就是上山往西泽溪谷的起步点，只要上去山顶，一切又别有洞天在等待大家。

由东京往西泽溪谷，可由新宿出发，乘中央本线的特急快车往盐山站，约一个半小时即可抵达。而在盐山站要再乘山梨巴士上山往三富村，但班次颇为稀疏，要一至两小时才有一班车。三富村的民宿大部分集中在"三富村总合观光案内所"旁，上车后最好先表明在此站下车，车程约一小时。

八月的棉被

由盐山的车站登山，先会经过历史悠久的笛吹川，这是日本古代的兵家必争之地。日本名导木下惠介也曾拍过一出电影，片名就叫做《笛吹川》，其中道出日本古代低下层社会在战争时期的苦难。今时今日的笛吹川已颇见老态，但也因正为此，反而得到一重安宁的静寂和谐感。穿过笛吹川后，便会去到西泽溪谷所在的三富村，那正好在盐山山顶的位置。

在西泽溪谷的四周，没有我们惯常可见的酒店，有的只是毗连的民宿，不过同样雅致可亲。而且大部分都提供当地名产"野猪火锅"作晚餐的主菜，只要下榻其中均可一尝咬劲十足的民间特产。不过教我最意外的是想不到在盛暑之时，晚上仍感受到殊不轻松的凉意，一条棉被反而是一晚安睡的必备良伴。

最近西泽溪谷的民宿，是位于巴士总站西泽溪谷入口旁的"东泽山庄"，不过设备较为残旧。我建议可挑选位于"三富村总合观光案内所"旁的"鸡冠庄"，此处环境雅致，而且乃新建而成，设备整洁，又附设饭堂，可说是最优雅及合宜的选择，一晚宿费包早及晚餐为七千日元，晚餐更包含当地美食"野猪火锅"。而且经营的妇人又甚有人情味，当我表示要一早进山不用准备早餐后，竟主动建议为我特备"爱心饭团"供路上充饥，实在令人平添一份好感。

溪谷深处无人家

　　当地的民宿大都位于西泽溪谷的入口处附近，我建议千万不要匆匆忙忙入谷，因为要走毕溪谷全程，至少都要上三小时以上，加上山顶天气变化不停，若然选择下午才入谷，很容易于天色阴暗下来前也未能出来，反而会有一定的危险。我的选择是在民宿饱睡宵后，于翌日五时许便起来，然后开展清晨入山的乐趣。事实上，西泽溪谷的路径完全依溪而建，沿途有九个瀑布，而又以在溪谷最深处的七釜五段瀑布的景色最为秀丽。我在清晨于山中流转，除了遇上三两个攀山客，就只有自己在其中随意取景及静观物色，那正是难得一遇的心灵调息所。

　　不过由于山中天气变化不定，最好带备雨衣，以便可应付不时之需。而日本的山林一向不设垃圾桶，所有垃圾均必须自携回去，大家千万不要破坏日本的良好法则。由于山溪路滑，所以要避免选择没有防滑功能的运动鞋，最后当然要带备足够的饮用水。

千岩万壑又一瀑

　　由西泽溪谷的入口进山，路程其实分成两段，前半是沿溪谷而建的小径，由于要在溪流旁穿梭，以便可以在最佳的位置欣赏溪旁共九道瀑布的景色，所以路径不仅湿滑，而且上上落落的坡度也颇大，沿途也往往限于只有一些简陋的金属支杆分隔的栏杆作借力的攀行依傍，加上山中的水汽弥漫，所以也算是颇费气力。只不过未知是否造物主的刻意安排，沿途的瀑布景致竟然也有千回百转的特色，而且又的确"好瀑在后颈"——位于最深处的七釜五段瀑布正好是一共有五层的瀑布，由上至下一层层地流泻下来。它有的不是澎湃的气势，而是细致的游转姿态，教人在汗流浃背之余，也可有不枉此行的轻喟。

　　而到达溪谷尽头后，回程的路径便会接上一条森林铁路——是的，原来以前山中深处一直有不少的天然资源可供开采，但随着开采日久逐渐也见荒芜，于是原有用来接驳山中深处的铁路也停用。现在仅剩下已荒废及锈迹斑斑的轨道，供游人想象自己成为盗宝客，致求入宝山不致空手而回的乐趣。（2006）

行行重行行

1.17
一个人在途上

今时今日，随着旅游文化的全球化扩张，一个人在途上的实践趣味，不仅丝毫没有减退，而且似乎更加方兴未艾。我常想那是与旅游文化不同概念的混糅纠合大有关系，一个人在途上的因由当然有很多，但剔除了因情绪反应的消极选择（最明显的当为失恋），不少均背负更远大的添加重量。由承继Grand Tour而来的平民化演绎，把过去缘自欧洲贵族放眼世界纵横四海的出游，化为寻常风景的边走边看；正如黄伟文在"一个人去旅行"中说："一个人。孤独在伦敦几乎是一件'不美丽都有型'的事"（《俗》）。甚或更上一层楼，为个人的出游增添"神游"的色彩。我所指的"神游"包含两方面的意思，一是在精神领域上为旅程扣上自我建构的附加意义；二是连接中国传统上的"神游"本色，显示出人生在外在环境刺激下的精神出窍状态。

直到世界的尽头

最有意思的现世 Grand Tour 演绎，肯定是切·格瓦拉的电单车旅程，他穿越阿根廷、智利、玻利维亚、秘鲁、哥伦比亚及委内瑞拉等地的壮游历程，其耸动人心之处可以由《革命前夕的摩托车之旅》（编注：内地译为《摩托日记》）再化成为电影为证。有趣的是，他后来游走于墨西哥、古巴及刚果等地，才是真正的革命旅程，而前者充其量只能称为启蒙之旅的开端，而且也不是一个人在途上（沿途有友好阿尔贝托医生的照顾）。不过反而成为广泛传颂的"盛事"，正好在于切·格瓦拉承接 Grand Tour 而来的贵族出身——他出身于上流社会，自幼家境富裕，也唯其如此才更教人佩服历程当中的牺牲态度。

这一种为某事某物而牺牲的追求，我相信在狂热分子较容易找到同好——政治革命家切·格瓦拉固然是其中一分子，而电影导演赫尔佐格又可尝不是。这位德国新电影的开路先锋（与云·温德斯并驾齐驱），就曾经因为希望祈求好友德国电影的研究者罗得艾斯纳从重病中康复，于是决定徒步由慕尼黑出发，而要到达巴黎作为终站，然后认为这才可以拯救到艾斯纳的生命。他把旅程的记录写成为《在冰雪中行走》（*Of Walking in Ice*），可说是上承德国哲学的精神传统，来为旅程增加灵视哲思的"神游"色彩。这种情操去到极致，便成就出脱离肉身的超越体验，如西方所谓的"濒死经历"，又或在中国古籍如《夷坚志》又或是《聊斋志异》中的冥游叙述等，都是一个人在途上衍生出来的连带可能性。即使不往玄虚色彩方面思考，大抵没有人否认一个人在途上，的确较为容易导人进入相对灵性的状态中去。

一个人泡汤去

过去的日子，我习惯在相隔一段时间后，便会挑起背

行行重行行

包一个人上路去。有一次在日本东北黑部峡谷的沿途上，我选择了一个偏僻荒芜的钟钓温泉。它是全天然的温泉，要在下榻的小旅馆徒步往十分钟外的黑部川旁的天然温泉入浴。由于露天风吕是公用的，本身没有列明为男性及女性所用，于是盘算过在伸手不见五指的昏黑中，相信除了狐妖外应不太可能有女性到来。我终于按捺不住，决定投身入大自然的怀抱——泉水本无言，裤落聆清音。那是一种奇妙的经验，入黑后我在四野无人、群机环抱的溪流中与天地共浴。溪流的水如冰刺鼻（因由万年雪融解，即使在盛夏仍可见到山顶的积雪），但从岩层涌出的温泉水又形成一圈圈的露天风吕。用最简单的比喻，可说是大自然冰火的美妙合奏，也可说是由天然构成的冷暖转换泡汤池。

相较于其他的露天温泉，钟钓温泉似乎山灵之气特别重。大家都可能知道日本信奉神道教，简言之就是万物有灵的世界。以前日本导演熊井启在黑部拍出成名作《黑部的太阳》，据说也因为工作人员中有女性，因而触怒了山神而酿成严重意外，差一点连当红小生石原裕次郎也因而送命。一个人在如此深邃的山谷中浸泡，的确在精神上别有一重恍恍惚惚之情。肉体上的鲜活触感带动神经末梢的反应，对外在环境的风吹草动也油然敏感起来，一个人在如此的环境中确实会产生一种恐惧之情，那可能是城市人和大自然中失去了独处的联系太久了，一时之间再也适应不来也说不定，但一旦超越了某个临界点，一种无常的感受就会慢慢涌现——不全是因为一个人在大自然空间中所感受到的渺小，而且同时包含精神性的体验，那就是城乡共通的莫名亲和感：如果大自然背后的神灵威力带来一重无常感，那么城市中种种制度化的怪兽，也同样建构出无常炼狱供我们每天在不同层数上上落落过活。

一个人在途上，说到底趣味就在于身心保持在异常敏锐的状态。（2006）

1.18

大忍忍于汤

—东京钱汤乱步

对一般人来说，去日本泡温泉固然是一大赏心乐事，但我相信打算去钱汤泡一泡的游客，人数相信一定甚少。除了语言不通的障碍，大抵钱汤内的热水，与温泉的矿物质成分当然有很大程度的差异，只不过如果没有去泡过钱汤，那么距离认识及接触日本的地道风情，相信还有遥远的距离。

庶民的洗澡文化

严格来说，对曾留学日本的学生来说，对钱汤一定不会陌生。事实上，又有多少人有能力可以租住拥有独立浴室设备的寓所，于是兼职后急不及待回到住所附近的钱汤，泡一个教人身心舒畅的热水浴，实在是对自己的最大奖赏。而这更是留学生学习融合小区的重要经历，我清楚忆记以前是如何受附近的居民搭讪，而自己又惜口惜面只懂傻笑的光景；可惜后来当有一定的日语能力后，已搬去了一个有浴室设备的新环境，反而未能进一步领略钱汤的庶民风情，委实有点可惜。不要以为只有在东京的郊区才有钱汤的踪影，附图中的涩谷钱汤图恰好说明了要在闹市中泡一泡，是多么简便的一件事。

事实上，如果对钱汤文化毫无认识，可以说连看日本电影亦会格格不入。早阵子在港公映的《血与骨》，一场骨肉相残的震撼场面，正好在钱汤内发生，北野武饰演的粗暴父亲，狠心地把儿子的肋骨也殴碎，导演崔洋一正好借钱汤这一私密的空间，从而把无法回避的血缘阴暗纠缠袒露出来，教人坐立不安。数年前，型男浅野忠信更伙同女歌手UA合作拍成《水之女》，一对男女的欲断难断的爱情故事，正好在钱汤内发生，而UA的角色正好是一经营钱汤的女主人，由此可见钱汤文化植根于日本文化的深厚基础。

钱汤文化的发展

据说钱汤文化的大盛，乃奠基于昭和时期。东京由于没有天然温泉在附近，所以一般人要享受温泉的洗涤，都要等待假期而且要属于有闲阶级才有条件，那么一般人日常生活中的泡汤需要又可怎样解决？今天东京的隅田川一带，正好是以往的首都内的工业重要区域，面对东京尤其在炎夏期间的闷热天气，低下阶层的劳动者每天辛劳后的首要盼望，必然是去找一所钱汤泡个够。日本的首席钱汤文化研究专家町田忍曾指出，一些著名老店如位于千住的宝汤，早于昭和初期已启市营业，而在二十年代的日子中，每天的营业额可以达到二千日元；假如换算成今天的币值，即为八十万日元左右，生意之大令人瞠目结舌。

当然随着时代的变化，钱汤出现老态是在所难免的事，事实上不少钱汤亦以家庭主导的经营模式为本，一旦下一代的年轻人生厌而不欲继承，那么钱汤的下场也自然岌岌可危。而且新一代的日本人亦逐渐与世界接轨，简言之也趋向讲究私隐，反而对在钱汤中与左邻右里闲话家常的时刻，已经不甚欣赏甚至有被冒犯之嫌，综合而言亦令到钱汤文化难以承传下去，似乎逐渐成为上一代的日常习惯，又或是偶然路过的猎奇者的尝鲜探索而已。

　　也正因为此，千僖年后日本的钱汤也陆续出现不同程度的变化，以响应顾客的要求所需。现在不少港人都有曾往位于后乐园的Spa La Qua（http://www.laqua.jp/spa/sz.jsp）及位于台场的大江户温泉物语（http://www.ooedoonsen.jp/）浸泡的经验，我个人认为它们的出现，甚至连外国游客的市场及需要也一并考虑在内，正是一逐渐由钱汤走向综合型温泉乐园的结果（大江户温泉物语的口碑虽然见仁见智，但你委实不得不佩服它的无微不至，连为客人的宠物小狗而设的狗用温泉"纲吉之汤"也齐备，还有什么话可以说呢）。

　　事实上，在Spa La Qua及大江户温泉物语出现之前，在东京的不同区域早已冒见不同形式的钱汤健康乐园，较著名的有位于江户川区船堀的东京健康Land，以及目黑区鹰番的鹰番之汤等。它们均不约而同加入了不同形式及程度的健康保健元素在钱汤内，由增设不同设计的按摩池，以及提供不同款式的按摩服务（由中国式的穴位按摩到韩国式的揉擦按摩等），目的都不过希望可以拓展新的客源。日本的旅游文化专家都筑响一说得好，他指出以前在日本要出差四周旅行，住宿于商贸式的小酒店往往是一件苦事，细小的浴缸往往令到一天的辛劳无处疏解。但自从兴起钱汤翻新成健康乐园的风潮后，他再也不用烦恼——出门工作后，晚上便回到钱汤乐园内舒展筋骨，然后便在公众休息室的床铺上倒头睡到天明，那就是最好的外宿选择了云云。

　　不瞒你说，现在我若在东京留宿，很多时候也用上大同小异的方法，所以下次你可能看到我在Spa la Qua的休息室睡得不省人事，请勿见怪。（2006）

1.19
东京人VS大阪人

要谈东京人与大阪人的分别，可说不胜枚举。正如《东京学》作者小川和佑所列举的例子：大阪人重个人表现，东京人重组织表现；大阪人看重实务才干，东京人着重头衔和名位；大阪人开朗豁达不拘小节，东京人羞怯懦弱内向退缩。类似以上的文化观察，你差不多可找任何一个日本人问一问，都有自己的一套来与人分享。

对立永不停

只不过在差异的背后，更重要其实是当中存在的对立关系，东京从一开始便清楚意识到大阪的竞争位置，所以对大阪一向不抱好感。这一点在文学上也有所反映，过去大阪无赖派作家织田作之助的名作《夫妇善哉》，便曾受到东京文坛的排挤。作家兼评论家宫内寒弥便甘冒大不韪，于《东京文坛》中道明地域隔阂所产生的抗拒心态："我认为《夫妇善哉》是一部杰作，但作品于东京文坛不获好评，其实与东京与大阪一直存在的对立心态有直接关系，从而以无意识的状况显露出来。事实上，东京与大阪一直处于冰炭不相容的状态中。"当然有时所谓的对立亦可能出自不明所以的误解，以《大阪学》闻名的大阪帝冢山大学教授大谷晃一便曾透露收过一名东京主妇读者的来信，内里对书中大肆披露大阪人的劣根性感到惊讶，更忧心作者不知会否受到大阪人的敌视及杯葛。殊不知大阪人正好是胸无城府的一族，从来没有东京人处处自视高人一等的心态，所以书本反而一跃而成为当年的畅销书。文化对立的背后，正好存在因不理解而导致的误解，令到好意有时都会无的放矢，何况有时还会出现立心不良的找碴抬杠局面。

由行人电梯到车

如果你观察力敏锐，在东京及大阪两地游览之时，或许会发现一有趣的现象，就是两地人在利用行人电梯上，有南辕北辙的分别。东京人全都倾向往左作一列直行的排列，而腾出右方供赶急的人急步往来。对于大阪人来说，这是十分新鲜的场景，因为一般来说，大阪人都不太爱守规矩，较多如香港人般以左穿右插的方式上下游动。即使作一奉公守法的使用者，也会往右直列，与刚才提及东京的习惯成一左右对比。

事实上，经调查所得，无论在两地均没有明确的使用指示，要求使用者向左企还是向右企。而日本的电视台也为此去制作节目来探讨，结果也得不出所以然，连一些大阪学专家也无法解释，能够提供的参考仅为国际上的惯例多以向右企为主，而大阪作为一直自诩为国际城市之都，倾向与国际通例靠拢的几率较大。再加上与东京时时刻刻有在竞争的潜意识影响在内，所以无意中也有如上的非理性对抗情况出现也说不定云云。

只是若对以上向左企或向右企的分析不太满意的话，则至少对使用行人电梯的速度差异总算有一定见。根据调查显示，大阪有三成半的人会在行人电梯上行走，属日本的首位，对照下东京只有两成半的人会这样做。而且或许大家有所不知，原来日本行人电梯的速度设定在一分钟三十米，而大阪在繁忙时间行人往往会以上两级代替一级的速度移动，结果会于一分钟内快了约两米云云。曾经有大阪女大学生在观察大阪及东京差异的功课

中指出，在东京逛街常与人碰撞，回头反思大阪同样人山人海却很少有相若的情况出现，于是得出的结论为大阪人惯了在密集的地方钻营出路，反之东京人在这方面便显得反应迟钝了。如是我闻。

好了，不如我们还是看一下大阪人与东京人的一些明显区别吧。由生活现象出发似乎较有趣味，在列车的车厢里，如果有老人家要求他人让座（日本的车厢均设有"优先席"），东京人或许仍会依循，但大阪人则大多反而会责难那位大叔是不是脑筋有问题。而且一般来说，在车厢中一人霸占两个坐位，又或是把行李乱放的大多都是大阪人。有趣的是，阪急电铁后来把"优先席"废止，美其名所有均为"优先席"，事实上即间接承认了大阪人有法不依的习尚。

由手提电话到语言

由车厢出发可谈到手提电话的应用，我刚从东京回来，发觉尽管今时今日手提电话已成了老幼咸宜的必备品，但东京的车厢内各人仍彻底严守纪律，在车厢一律不会倾谈，而只会用上网功能来传阅电邮而已。反之在大阪地域，于车厢内高声用手提电话谈笑的现象均不罕见。更有大阪女生记下自己一次的"上京"（去东京）经验，提到在车厢内正谈得兴高采烈，忽然才发觉全车的人都在望着自己一伙人，那时才明白到自己的大阪出身是如何的与别地不同。不过话得说回来，多言多舌也是大阪人率直及开朗的一面，有人归纳出一个有趣的现象，就是在大阪的超市中总会遇上一位热心的婆婆：她总会不理与你是否认识，便立即接触你的身体，然后高声攀谈，一方面分享自己的购物心得，同时又会趁机传授当店的消费秘技锦囊，总之如你不领情便没有好日子过云云。硬币的两面就是如此刚柔共存，且看每个人接受哪一面而已。

　　当然在现象的背后，更有语言的约制在其中运作。大阪腔一向被认为是粗鄙文化的代表，这一点和大阪的漫才（类似相声的表演）风气极盛有直接关系，于是不文、夸张及粗鲁几成为定性，而综艺节目的王牌主持人明石家秋刀鱼便是以粗鄙风格闻名而大受欢迎的艺人。只不过正如我曾在一篇文章中提过，原来大阪腔在粗鲁的背后亦有柔情的一面，以"chacha"为例，它在两次大阪常用语的调查中均名列首位，意思和通用语的"违"相同，即"不同"之义。本来往往用于表达不同意对方意见，但因为会制造出一重紧张感来，于是大阪腔透过单音的重复来制造出轻化的效果，以保持语言沟通上的人际和谐。与此同时，共通语中的"阿呆"（ahoo），在大阪腔中成了"aho"，去掉了最后的长音，作用也是把原来骂人"呆子"的话语加以轻化，来制造出一重轻责的幽默感，令听者不会勃然大怒。由此可见，大阪腔的构成原来大有学问，背后和大阪人行商重人际关系的地源性有息息相关的联系，听上来粗鲁的语言只不过是一重幻象（连关西以外的日本人也受骗了），文化的建构确有自成一格的逻辑在幕后运作，不以人心的好恶作转移。（2006）

1.20
由白浜到宇治

日本有各大小温泉，有些是山中一个泉，有些则是镇中有多个泉。最近去了一趟白浜，位于关西的和歌山；一般而言，一般人到和歌山都是看看那列猫列车。要到白浜的话，就要在关西空港转关空快速线往日根野，转乘纪州路快速线到和歌山站，再乘个多小时Ocean Arrow列车，才可抵达这个小市镇。

白浜处处泡

其实白浜在日本景内一向闻名，说是"小镇"也不对，因为它在夏天里实是个大名胜，而且人口也不少。只是在冬天造访，人烟是稀少得可怜。火车站旁的餐厅，不到七时已全部闭门大吉。真不知是经济萧条，还是季节不对。但作为一个以温泉为景点的市镇，冬天的客量的确不应如此。

白浜的名字来自其雪白的沙滩，名副其实铺满又白又幼的沙。我去的时候是冬天，因为不能游泳，所以不算旅游旺季，冬日里反而多了一份宁静。也因为是圣诞节，所以白沙上都放了很多灯饰，成为晚饭后步行的最佳地点。

白浜的大部分酒店都会附送温泉套票，包十间酒店的浴场，可以浸足一天。但酒店的浴场当然不够吸引，最有温泉风味是最原始的混浴泡法。酒店浴场大都分开男女独立的空间，难有混浴的滋味。我每次去温泉小镇，必会到地道的居民浴场一泡痛快。当然，现代人大部分不再接受混浴（尤其是外国人），但当地居民的温泉多数只有一板之隔，分开男汤女汤。虽然说是看不到彼此，但也会听到另一边的声音，放声的话对方也一定听到（当然，不建议你尝试这样做，否则居民一定为之侧目）。这样一来，便有"这么远，那么近"的浪漫距离了。

行行重行行

　我最喜欢白浜的地道温泉是崎之汤,这个白浜最古老的汤泉之一,没有浴场,连一个大一点的门面也没有。只有一个简陋的收费处,进去便分开男女汤,一排排的储物柜后便是三个温泉池,而最精彩就是泉池面对的汪洋大海。边泡边欣赏海景之余,还能尝到海水的气味——温泉与海之隔接近至可拍岸进来。这样的风味,现在已较为罕见。这个市井之汤收费什低,但景色冠绝整个白浜。政府没有把它卖给大酒店或度假村,也是希望保留一点对原住民的尊重,亦令这个崎之汤更弥足珍贵。

　泡完温泉,沿路出去有一间卖温泉蛋的小店。经过一轮洗涤身心的泡浴后,不妨和爱人买两只温泉蛋来吃,蛋白还是水状,蛋黄则凝固了,是日本的特色食品。若嫌泡得不够,可以到银座足汤横町,边吃晚饭边泡汤。边浸足浴,边吃料理,情侣不妨还可以踢水嬉戏,不过当然要小心弄湿其他食客呢。

　除了酒店室内及户外的天然温泉,当地还开发了五个免费足汤在半岛的周围,可以让人走到那里便泡到那里,名副其实"边走边泡"。我们还经过比较少见的"手汤",即是免费让游人浸泡双手。手汤是由一家餐厅所有,而那间餐厅原来也专营足汤料理,可以让人边泡脚边吃饭。由于酒店包了怀石料理,所以我便计画第二天下午来吃饭。怎料他们没有如标示的营业时间在下午开门,我第二天才发现下午大部分市内餐厅也关门。看来,真的只有很少顾客。

　尽管一切都让人惊喜处处,它们的旅客量额始终都不太好。我入住的酒店旁,有间大型向海宾馆,好像只有三四间房有人客。但我也不能不替白浜担心,因为这真是一个好去处。

宇治绿茶之乡

由白浜回到关西中心，不妨可以往宇治一逛。常听人家叫优质绿茶作宇治绿茶，就知道宇治是绿茶之乡了。当然，宇治的吸引之处除了是绿茶之乡，更是文学家紫式部之乡。不过对香港人来说，绿茶及茶道更容易理解和具吸引力。冬天的宇治并不多人，我们甚至错过了学习茶道的机会。虽然普遍而言，冬天的京都比其余三个季节都少一点吸引力——消暑的川床料理停业，参拜佛寺亦似乎过分萧索，但变相却换来了难得的宁静。

我们没学习茶道，却在静巷里看尽了本地的绿茶特产。宇治是个古色古香的地区，不多不少是从文学气息感染得来，但茶香的古朴也为这个地方带来一份额外的宁谧。政府在宇治最大的河道宇治川上建了个人工岛，那不是像我们香港那些不三不四的石屎岛，而是和两边河道混然成一体的石坝。岸的两旁种了很多树，中间还有几棵枫树。这样的景色漂亮得如一幅山水画。

宇治内最有"画意"之景点非平等院莫属。平等院原于平安时代由一个权贵的儿子改建而成，前身是他父亲的别院，中间的大殿前有大水池萦回，配合前后的盆景，美得像中国的水墨画。平等院被誉为"净土庭园"，其规格更成为后来日式庭园的参考指标。平等院收藏不少国宝级文物，包括不同的云中菩萨像，他们拿着不同乐器来接走亡魂，无论宗教还是艺术上均极具意义。平安院曾遭多次毁坏，而政府也没有刻意求工重塑，仅尽力作好好保养，原貌则仅透过计算机以影像来重构修复，让人看到从前的模样，但也不会破坏历史风霜的痕迹，和常见的历史景点被加甜加醋大相径庭，令人深深感受到历史的沉重。

离开这个恬静的寺院，我们还买了些绿茶小吃。可能因为人少的关系，所以也没有太商业化的情况，可以慢慢逛每一间小店。友人说香港的绿茶粉很贵，我们也就买了一罐，不单可以泡茶来喝，还可以混牛奶，变成美味的绿茶奶茶了。当然，来到宇治，也不得不亲尝绿茶荞麦面，因为即使在京都市内也较少见到绿茶面，反而绿茶甜品则处处可见。虽然绿茶味不太浓，但总算很香。宇治的确是洗涤身心的好地方。（2009）

东京自作孽

2.1
如何鸟瞰东京？
——在城市中迷路

东京铁塔的另一重作用，自然是作为高架坐标来提供鸟瞰东京的观照点，和纽约的帝国大厦又或是台北市中心的新光三越顶楼无异，它们都负载了人文记忆的功能（前者的《缘分的天空》及后者于平凡的漫画《夏日之后》中均为上佳说明）。

但奇怪的是，作为鸟瞰城市的高位，东京铁塔一直不见得最受人拥戴，也不见得因而被吹嘘或成为必然的热点，究竟所为何事呢？

老牌日本通唐纳德·里奇在《东京》(*Tokyo: A View of The City*，Reaktion Books, 1999) 中指出：东京铁塔又或是位于新宿都政府区一众摩天大楼，从高厦上来说自然可以提供鸟瞰东京市的可能，但其中却永远找不到一个统一的全景。那不仅是因为东京自身太大，而且亦扩散地延展向四方，更重要是它太没有区别。鸟瞰东京不可能得到如鸟瞰神户或北海道的效果，后两者区域上整齐画分，是东京所没有的设计考虑。

是的，我们在游览东京时，很少会觉得东京特别漂亮——我们可能会发现某一种建筑物很有趣，又或是某一个空间的处理什佳（如明治神宫），但整体上东京不会给人眼前一亮的感觉。新、旧区的混杂（新宿是最佳例子），说明了天国与地狱正在毗邻。

从另一个角度看，我赞成唐纳德·里奇强调日本人的心思在"私"而不在"公"，公众的展现一向非他们的关切重心，也因为我们以东京都市市容的体面与否，从来不是重要的考虑焦点。

因此我们感到日本的神秘魅力，往往有一种秘密的条件在内：他们对性的演绎，对室内设计的考虑，乃至任何一所小店的面积，正是外人顿足向往的地方。

所以我会说东京是无法鸟瞰的，作为一隐喻性的用法，即代表了大家无从于外在氛围去理解东京，正如东京的地址编排，一向是以数字表示，而因为自身的区域设计绝不系统化，所以数字的编排上也无系统可言。相信每个外国人在日本均曾体会过以什么町几丁目的数据去寻访一个地址，难度不下于要破解圣经密码；能否按图索骥找出一个地址，往往要看一看天时与命数。我们身处东京迷失都市中，往往正因为"物理意义"的难以理解（乃至刻意抗拒被外人理解），而更加诱使人家继续一头栽进去，以不到黄河心不死的拼劲角力下去。（2001）

2.2
我的映画馆主义
——城市的感官绿洲

于我这一类无可救药的影迷来说，来到东京首要之务，便是要弄清楚当地映画馆（电影院）的游戏规律。甚至可以说，是要尽快把首都圈的地图，以映画馆为轴心作为分类方法，把地理区域编排整理于脑海中。

是的，那确实花了我不少时间。因为日本的映画馆各自有不同的编选电影片目方向，由专门放映日本昔日经典到西洋好莱坞天下的均自成脉络，加上它们又分散各地；换句话说，每一次上映画馆的过程仿佛都是一次市内旅行，也让我这个盲打误撞的外人得到双重娱乐。

那的确是一种双重娱乐，尤其是日本片的信息杂志（如*Pia*及*Tokyo Walker*）均心细如尘，把大部分映画馆的位置都以分区地图显示坐标。每次拿着一本城市每周生活指南，"按图索馆"地出入于市中心内外，对于我这种乐于在闹市中"郊游"的都市人，委实是一种称心的安排。

所以当我拿着地图，坐上个多小时火车去到川崎的图书馆看一出旧片（后来才知道那里是我心爱的日剧《青春无悔》中的背景，心里也庆幸曾到此一游），又或是在横街窄巷中钻进地牢才寻觅到所谓的映画馆入口，过程本身和影迷上戏院追求的光影冒险已经有大同小异的作用，正好不啻是一碟美妙的戏前头盘。

边看边睡的映画馆

当然对我们这类影迷来说，最梦寐以求自然是通宵映画馆的存在。常听到有朋友说，东京晚上可供流连的地方，与香港相比几近小巫见大巫。能够在饮饱食醉之余，去映画馆享受边看边睡的"终极"乐趣，不啻是一天行程中的美好结局。日本映画馆的通宵放映活动，会以all-night(通宵)作为招徕，通常会在周五及周六两晚举行，成为一众影迷热切期待的日子。

事实上，通宵映画馆又确实分属两类人的世界，一是充满求知欲的学生分子，三三两两各自结伴来作每周朝圣；其次是糟老头为避风寒入场来倒头大睡。通常整晚的放映活动，也只不过是正场一场至场半的票价，映画馆自然成流浪汉或是独身汉的最佳旅馆。尤其是在某类会员

制的小型放映中心，更可以付年费的入会方式，无限量的随时观赏，简直是为自己在周末期间增置了多一所临时中途宿舍。

映画馆主义

其中位于高田马场早稻田大学附近的ACT mini theatre更加是至佳例子——内里的放映室只容约二十人入内，前排全都不设座位，大家席地而坐，席上附设若干颈枕，一旦疲累则可以躺下来在席上边睡边看，我在这里也曾打发了不少日子；唯一有座位的，仅有后排的寥寥两三行，以及在更后排辟室而设的吸烟室。于冬日严寒的气候，在吸烟室内呷着烫口的罐装咖啡，一边抽着烟，隔着玻璃继续观赏正在播放的电影——不是百分百为我们一众电影寻梦者而设的吗？说句实话，那的确有一种异度空间的感觉，仿佛自己也被卷入了虚实交错的光影世界中。对，就是伍迪·艾伦于《戏假情真》（内地译为《开罗紫玫瑰》），少女侍应在漆黑的影院中寻找自己的英雄救赎，这不也是我们的隔世知音吗？那份经验确实令人难以忘怀。

所以我们不断有人高喊电影不死，其实我觉得电影院不死才是正事！这也是我所力举的映画馆主义——离开了映画馆，电影也仿佛褪了色似的；也不单纯指技术上的层次，如画面不够大又或是声响上的差别，而是一种人情味浓郁的心理氛围，内里交织了自己眷顾不放的爱恨悲喜。（2001）

2.3
东京勉强
——留学笼中记

所谓"勉强",即是汉语中的学习之意。每当下雨的严寒日子,我便会想起在日本念书时,那段人车(自行车)合一而不能分的岁月。我一向也不擅于踏自行车,但去到日本后为势所迫,每天都要踏自行车上学及往来车站,于是自行车自然成了贴身的忠心良伴(近来才发现我的自行车经验,或许正是吕大乐于《十二爸爸》中一文的镜像补充说明)。

自行车世纪

尤其在寒意凛然的下雨天，一手持伞，一手执车柄于路上奔驰，成为了留学生涯的重要生活片段。一旦下起雪来，自行车在湿滑的雪上东歪西倒前进，更加随时令我有人仰马翻之虞。

我所谓的人车合一，是一种精神上的感觉。由于踏自行车，是一种人和车均位置同等的活动，彼此同样要受日晒雨淋的煎熬，所以两者之间的关系也更形密切。事实上，自行车抱恙的机会，绝不较一般人为少。由爆胎、掉链、刹车器失控到生锈等，各式病况可谓层出不穷，和我们的伤风感冒头痛发烧不遑多让。

当然最致命的一击，乃是离家出走——通常是被人诱拐而去。有时候时来运到，我也曾凭警方协助觅回失踪宝贝。可是这种运气却并不常有，回港后曾要想把自行车之梦落地生根，不过新车下地不够三月便扬长而去，成为失踪人口的一分子，由是更加说明了浪漫的想象更加无容于本地植根。

太空舱生涯

最近看日本的民生新闻，发现一向仅被男性上班族视为临时栖息之所的胶囊酒店（Capsule Hotel），竟然可以成为长期住客的久居地，看来日本的不景气的确已经进入病入膏肓的阶段了。

所谓胶囊酒店，相信不少人都曾听闻，其实就是一长条形的太空舱式设计。1970年代推出之际，是为了方便东京的上班族，他们一旦因为应酬而过了最终电车的时间，就只好在市中心找胶囊酒店泊宿一宵，这是最经济的过夜方法。但由于太过简陋，也加上安全问题，所以胶囊酒店一向也只开放给男性使用而已。目的也不过为应付一时之需，但政府批准他们换身一变可成为客人的久居地址，即反映出"上京"（由外地来到东京）一族的经济条件有不断下滑的倾向。要苟留在东京，唯有屈就在条件更差的胶囊酒店中。

我对胶囊酒店别具情感，主要原因在东京求学期间，自己正好在胶囊酒店式设计房间中，度过了一年多的岁月。大家都知道要在日本升学，必须要提升日语能力，而东京就有不少为外国人而设的日本语学校，目的就是为了协助外国学生的日语能力，以便可以顺利通过日本语能力测试的考验。

那时候就读的日本语学校为了尽最大力气谋利，于是把所有学生宿舍内的房间不分男女均改建成为胶囊酒店——在一个棺材式的长条中，设置了能悬垂下来的小桌子，以及加上桌头灯及电掣（开关），令学生可于非人的空间内完成一切生活上的基本活动。对于住不惯的人来说，胶囊酒店的日子轻则常中"头奖"——不断有以头碰壁的情况出现；重则时刻腰酸背痛，感觉有如身处于马戏班中，被人囚于笼中不准发育长高的小孩般不见天日，沦为奇观对象的人造侏儒。

不过胶囊酒店也曾带来一些美好回忆，在地震的日子中，当你在睡梦中被迫向两边摇晃，忽然间会发现空间狭小的太空舱，却教人有温暖安全的感觉。我对地震并无惧意（当然也因为没有遇上严重的地震），也应拜太空舱所赐。

而且在胶囊酒店内制造出一种能屈能伸的错觉，也教人自有一番体会。我最愉快的阅读经验，也是在太空舱内经历的——1992年的冬天，我火速购下《国境以南，太阳以西》的日文精装版，然后于太空舱内一晚看毕；到日光微现的时候，第一个涌上心头的感觉仍历历在目：不如归去了。

捱穷的滋味

我清楚记得留学日本的第一天印象，下机后折腾一番晚上才回到学生宿舍。十数人挤处窝居一室，看着未来长处于此的太空舱床铺，耳边尽是五湖四海不知名口音的联合国普通话声波，乌烟瘴气垃圾满地——我匆匆忙忙拿出电饭煲烧即食面充饥，那一刻真的有不如立即订机票回香港的冲动。此所以大家还是上路吧，只有实境存活才可见识自我真貌。

我相信对于有幸去留学的人，"捱穷"不过是一个生活中的片段；长短会有异，但不会改变我们的"阶级"成分。以为可以从此理解到低下阶层的苦况，不啻为天方夜谭的妄想。但能够调整一下过去一贯的生活步伐，去开拓另一重视野，绝对是不错的旅程经历。

对于留学时各适其适的捱穷经验，我的印象为过来人大多会以轻描淡写的幽默口吻道出，而且往往不乏传神的表演趣味。是的，因为我们不过是捱穷的过客，大家都知道在异乡的日子为一过渡期，由是活在贫困中仿佛也好像有明天的新希望。

　　我的笑话是：某一个星期六的午后，我和室友正准备上班，但自起床后至下午三时，两人只分别吃了一碗即食面而已（其实是打算回工作的餐馆后一餐作两餐）。上班前友人却忽然说了一句：我想喝可乐。是的，我也想喝可乐。在往后的一小时又十五分的时间中，我俩便在反复讨论去买一罐可乐一起喝好，还是奢侈一点每人一罐来一个痛快。

　　非常村上式的无聊处境，不过他作品中的人物却很少为可乐而操心。故事的结局是：我们忘了看钟，惟有飞奔上班去，幸而省下了那一百大元（日元）。（2001）

东京自作孽

2.4
东京怨曲
——与东京诀别书

又到东京。已很多年了,每次到日本都会尽量避免停留东京。虽然念书时住在山手线上的田端,而且也颇喜欢邻近一带的庶民"下町"色彩,但一想到人山人海的都市情景,便委实令人望而生畏。

东京逃走论

今次旅程的目的地为青森县，打算在津轻、十和田湖和下北半岛一带游走，而出发前则会在东京先逗留一晚。然而我的想法似乎没有改变，东京的人潮好像有增无减，涩谷、新宿和池袋等繁荣市集，寸步难移至教人一见便头痛。而山手线的繁忙时间，也像早晚无休似的，实在教人气馁。

更讨厌的是，东京都的商场化倾向似乎较香港来得更严重。以临海副都心为例，无人驾驶的列车穿梭于由不同商场及展览馆建构而成的车站数组，一切均程序化至非人化的地步，我一边在浏览，一边不断渴望快点逃离这个城市。离开东京，离开这个和香港一样阴郁翳闷的沉闷都市，去吸一口新鲜空气。

事实上，以往的人爱一窝蜂涌到东京，现在已有不少人提出"东京逃走论"。逃离东京，代表拒绝接受日本主流的功利思维习尚，来尝试觅回自我。至于对像我这样的一个游客来说，东京除了感性上的怀伤意义外，再也好像没有什么依恋价值。

荒川的世界

为了避开东京的喧闹，我们跑到大冢站，改乘都电至荒川喘息。都电为东京市内唯一的路面电车，近似香港的轻铁，往来于早稻田和荒川之间，游走于家居的前门后里，甚具庶民风味气息。事实上，日本导演也十分爱以东京都电作拍摄对象，由寺山修司至市川准，不分优劣排名均一概拍得不亦乐乎。

荒川在都电线上，是一个甚早开发的地区；正因为此，到今时今日自然十分老化。《东京物语》中，笠智众和东山千荣子正好在往东京探儿子时，和孙儿在荒川的长堤上嬉玩，由此可见历史之悠久。而荒川的游园地竟然已有五十年之久，我们抵达时已过了闭馆时间，只得望门兴叹，但眺望内里残旧不堪的回转木马以及教人怀疑安全度的摩天轮，仿佛自然进入了时光隧道，和昭和年代的人共同呼吸。

荒川旁是隅田川，为东京都内游览船来往的主要河道。我深爱的都市文化学者川本三郎也是荒川迷，他在数本关于东京散步的研究中，不断反复提及荒川的静谧优胜处。当我们由繁嚣的山手沿线，乘搭都电来到荒川，委实有一种心灵上的治疗作用。今年的八月一日，更加是荒川游园地的免费入场日（因庆祝五十年"诞辰"），如果可以的话，真想去凑热闹啊！

逝去的变得无影无踪

　　2000年在东京,对我来说最大的悲哀莫过于池袋。池袋一向是我的生活根据地,念书时期西口的文艺座,是我追看日本老电影以及体验小剧场感受的凭依;而东口的西武书店,更加包罗万有,是主要的精神食粮支柱;西武书店对面的Wave唱片店,也是我于前HMV或Tower Records时期的主要音乐良伴;至于位于西口更西的Act艺术电视剧场,正是我欣赏德里克·贾曼(Derek Jarman)乃至寺山修司等名导作品的地方。是的,俱往矣,上述的一切都随时间的流逝而变质或不存。

　　2000年7月在池袋:我见到文艺座的原址正在清拆重建当中;Wave池袋店则于数年前停业;西武书店也缩减了面积,摆放书籍的空间大为削减,书种自然也不比从前吸引;而Act艺术电视剧场更加人间蒸发,变得无影无踪。

　　是的,今时今日我面对的正是如此这样的东京,这样的池袋。哀伤的不全因是自己的青春日子已一去不返(那固然理所当然,不过眨眼间差不多又一个十年了),而是作为追求文化冲击洗礼的朝圣地,很明显东京的价值已在我心目中大大降低了。(2000)

2.5

梦中见东京铁塔
——美丽人生的幻象

看惯日剧及日本电影的观众，对东京铁塔绝不会陌生。即如《魔女之速递》中东京铁塔出现的次数，已到达令人不胜其烦的地步。

作为地标的铁塔

　　事实上，一般来说东京铁塔作为一特定的地标，至少包含两重意念：一是作为外乡人对东京的形象化投影，于是"上京"（日语中指去东京之意）的指定目的地必有铁塔，日剧 *Days* 中便曾以此作为一众来自日本不同乡县的年轻人，投射青春梦想之聚焦点。二是利用铁塔源自法国巴黎正版的效果，把恋人浪漫世界的投影注入其中；《魔女之速递》和日剧 *Over Time*（编注：又译《三十拉警报》）均不断重复出多次东京铁塔，正是男女恋慕浪漫憧憬之反射场景。

高度发展的铁塔梦

　　事实上，以东京铁塔代表的伟大憧憬，的确是整整一代东京人的共同感受。川本三郎于《我的东京万华镜》（筑摩书房文库版，1999）指出东京铁塔建成于1958年，由开始兴建到落成只花了一年半的时间，而且取代了巴黎的埃菲尔铁塔，成为了世界最高的"自立铁塔"。正因为此，所以不少于当时成长的一代人均以此为自己的认同地标，当中包含了对高度经济成长的肯定在内。

　　与此同时，东京铁塔的建成也代表了"电视年代"的降临，它本来的用途正是一座电波塔，负责向首都圈放送八条电视频道及四条电台FM频道的电波。换句话说，东京铁塔完成的那一刻，才是日本踏进电视年代的分水岭，而调查报告也记载当年的市民拥有电视机数目，飚升至一百五十万台。小津安二郎晚年作品《秋日和》的冒头场面，正好出现一个彩色的东京铁塔，成为了新东京的象征符号。

　　在1961年的东宝电影《哥斯拉》中，更加具体化地说明了东京铁塔的重要性。片中哥斯拉来到东京去寻回自己守护的女孩子（所以哥斯拉是好的怪兽），所以来到东京铁塔上结茧。而日本自卫队为了对付哥斯拉，结果以飞弹摧毁了铁塔，令铁塔折断了一分为二。

　　如果熟悉东宝怪兽电影的传统，大家都会知道它们每次必定会挑选东京的最高建筑物，作为怪兽入侵攻击的对象。所以1961年的《哥斯拉》，以挑战铁塔作为目标，正好说明了铁塔于当年的重要性。

梦想的世界

东京铁塔除了象征了日本的高度经济发展下的成就外，更加是男女感情的梦幻之乡。先前提及的日剧片段为现实式的刻画，但楳图一雄的《我是真悟》有更深远意义的梦幻想象。

《我是真悟》讲述小学生真悟及麻理均对机械人有好感，而且又对父母不接受他们的恋爱感到气闷，结果透过机械人留下的暗号"333"，被真悟解破谜团而去到铁塔——（东京铁塔高333米）。在铁塔顶端，两人提到"这说不定是我们……一生中最幸福的一刻了！""是的，成了大人后便再也看不见这样漂亮的景色。"

很明显，在楳图一雄的笔下，东京铁塔成为了成人规条的法外之地，仿佛在铁塔的空间，可以保存童真及逃遁入浪漫的梦幻之地。

铁塔的落伍现况

当然花无百日好，塔无千年高，今时今日东京铁塔的时髦吸引力已大不如前。连东京于1984年重拍《哥斯拉》，也完全无视东京铁塔的存在，怪兽转而向新宿副都区的高层大厦区进袭。换句话说，东京铁塔的象征意义，已随着时间的逝去而被掏空了。

事实上，曾经去过东京铁塔的游人大概都有受骗的感觉。而且会对铁塔底层为何有一所蜡像公仔馆感到大惑不解，想不到昔日的潮流尖端象征符号，刻下落落得为求吸引团队游客而厚脂敷粉的破落现况。说到底，以人为喻则铁塔今年已34岁了，大家都不得不接受它已老去的现实。

一代人的依恋物

回到篇首提及不少日剧及电影中，均出现了对铁塔的拍摄景象。我想正好反映出幕后制作班底对铁塔的依恋之情，或许铁塔的浪漫想象，未必能够于现实的空中延续至下一代，但能够安排在影像中再现，至少是一种怀旧式的自我安慰，可谓聊胜于无吧。

事实上，一代东京人均曾把个人激情灌注于铁塔（无论是因为感情，还是认同背后象征的高度发展），那是源自青春的情怀。即使现实中的浪漫意义已被掏空，仍然保留了一份记忆中的依恋情致在心里。（2001）

在日本社会生存的理由

3.1

J-League的"新发卖"
——体育的市场化策略

对于日本的J-League(编注：内地译J联赛)，我相信不少香港读者都
会感到兴趣；感兴趣的不一定是足球迷（即是连我对J-League的球队
及球会均不甚了了），但教人不能不佩服的是J-League的经营策略。
他们竟然可以把毫无根源的一项体育运动提升至一流行神话，由是更
催化我们去正视背后的经营哲学。

Jonathan Watts曾经用"新发卖"（shin hatsubai）这个日本概念，来剖陈J-League的经营策略（见*The world of Japanese Popular Culture—Gender,shifting Boundaries and Global Culture*, Cambridge Unviersity Press, 1998）。所谓"新发卖"包含了"新改造，现发售"的意思，通常在推出一种崭新商品出市场之际，一定会用"新发卖"来强调它的过人之处。

相信大部分游客到日本旅游，均见在便利店的啤酒可谓琳琅满目，层出不穷。日本的啤酒生产商正好是一善用"新发卖"策略的行业领导人，他们不断以不同季节的味道（"冬之味"、"秋之味"），甚至以团体来招徕（"老虎啤"、"J-League啤"）。事实上，味道是否有别是后话，但"新发卖"的策略已保证了消费者的数目可以不断增加。

平地一声雷的J-League

事实上，我们一向都知道棒球才是日本的王牌运动项目。在1930年代，棒球甚至被冠上"汉字"成为"野球"——代表了它已全面日本化。他们甚至有"野球道"的概念——以此来强化上下一心的争胜心态，企图建立起一种强人哲学来。

反观足球一直在日本毫无位置，直到六十年代因为日本队在东京奥运中，进入了八强；四年后于墨西哥奥运，更加夺得铜牌，于是促成了日本足球联赛（Japan Soccer League）于1963年正式成立。

其后足球在日本的发展，很大程度上和女性的积极参与有密切关系。事实上，女子足球自1979年开始，一直在日本有长足的发展；加上J-League又针对女性市场做功夫，努力吸引她们入场，令足球成为一项潮流商品，因而才会促发J-League的辉煌日子。

当三浦知良率先往意大利的甲组联赛落班（较棒球王子野茂英雄还要早出国打天下），那时候再没有日本人敢小觑足球了！

J-League的地域主义

J-League的成功很大程度建基于它的"主城"制度，从一开始，J-League的经销商已确立了每队球队必须要有一个"主城"——即近足球队的故乡基地。除了可保证球队得到一定数量的观众认同外，更重要的是可以达致一种社会和谐，因而激化中央及地方政府均乐于全力去配合辅助支持推行。

　　所以J-League的球队必须要有一"主城"，而且要有一个不少于16000人的足球主场馆，而地方上也要提供一亿二千万英镑的建队费用，以及其后十年高达六百万英镑的定额资助，由此可见加入J-League是一项极度昂贵的决策行为。

　　但为何仍有那么多球队成立呢？乃因不少地区正想利用这个机会来重建乡镇，以鹿岛（鹿角队）为例，本来只是一个以原始工厂为主的小镇。但透过各大工厂的赞助投入，又请来如薛高级数的球员，终于令到整个小区均年轻化及成为潮流胜地，甚至连区内的年轻人也不再流失而出外打天下，成为了一个城镇重建的补完计画。

　　千万不要小觑以上的生态改变，因为过去日本的运动大都从学校层面的"部活"（学会活动）而来，学生即使有个人天分，但随着学籍的转换，往往会影响了长远的发展。而J-League出现后，由"部活"训练运动员的传统，便得以改为以球队为基地去发展，部分精英分子更加有机会出国进修，提升个人技术，直接令到日本足球水平可以飞跃提升。

地域主义背后的日本性

事实上，现在香港叫嚣震天的足球改革工程，不约而同也是参考了外地的"主城"概念，希望可以在下一届的球季中加以实践。其实香港过去的部分球队，也是有地域色彩。远的有"元朗"，近的有"西贡朋友"；但要利用"主城"概念来达致成功，其实还有背后的民族性格支持。

大家都知道香港人一向是个人主义的崇拜者，一切和自己个人利益无涉的活动，也很难得到广泛的支持及认同。但日本人正好相反，他们的民族性以团结见称，大家均倾向认同于某一族群的身份——无论是民族、公司、居住地域乃至故乡出身也好。正因为此，他们在经营运动事业上，往往也会加入"日本人论"的概念——以图追求一种日本性的理论。

前文提及的"野球道"正好是一例子。试看日本足球总会的口号："有一天，我们会追上世界的顶尖分子！"那不啻是明治维新时期"富国强兵"口号的异代回响。也因为背后的文化差异，所以我不认为香港足球的改革可以行得通。

如何消费J-League？

前文提及J-League的成功，建基于可以吸引大量的女性观众支持，而她们的支持又建基于J-League的可消费性下。过去的日本运动伦理，过分强调以胜负为主，可谓与社会崇尚竞争至上的心态并无二致。但J-League的特点，正是可以把运动的重心，由过去全面倾斜倒向运动员身上，一改而成为还原至在观众身上——大家入场追寻快乐，这才是快乐足球的起点。

以女性为中心对象，乃因她们的可用金钱额一向是最高的，因为日本人倾向和家人居住，加上女性并无负担家用的传统习惯，因而令她们手上较为松动（日本化妆界的发展及改变，正好说明女人钱是最好赚的）。

因而J-League的经营者一直以女性角度去思考消费程序的可能性，正如宣传组的成员曾表示："我们要令足球看上来像一场的士高，充满大量的耀眼色彩、灯光、服饰以及激动的音乐。"甚至连队徽的拣选也尽量以可爱为主，务求女性可以亲切地接受。

这一点倒是我们的足球文化的死穴。本地足球从来没有为女球迷着想，她们一直被看成是compulsive football fan——是为了陪男友才进场的一分子，存在目的是等待被摄影机拍下芳容供球迷轻松一下。你说这样子又怎会得到她们的认同呢？

设计背后的不可能性

事实上，J-League的成立的确取得不俗的成绩，据数据显示成立之初，日本的J-Leaguea的商品销量已达三亿三千万英磅，而每队球队的赞助商又每年投资六千万英镑在球场、球员薪酬及青训上，令到所有人都雄心勃勃。只不过随着日本屡次在世界杯外围赛失利，加上实力又始终无法和欧洲及南美球队并肩（甚至在亚洲也抢不到韩国的大哥大位置），终于令到国民的期望不断落空。事实上，这正是J-League的最大的吊诡：无论宣传和经营策略如何小心周密，但都无法控制一些能力范围以外的问题，正如球队在国际赛上的成绩，成了一无法改变的事实。由于有这重掣肘，令到J-League的发展去到了一个死胡同的地步，过去的新鲜感已被消化得七七八八，如果日本队的成绩没有什么突破，一旦大家的耐性用毕，很有可能一切又会被打回原形。所以对我来说，2002年的世界杯会是J-League生死存亡的一个转折点。如果日本成绩美满，自然可以把J-League推上第二波的高峰；但一旦在占主场之利下，仍是在决赛周的分组赛中出局的话，则只会明明白白的惊醒日本人的春秋大梦，好教他们明白金钱真的并非万能，从而再被迫去调整J-League的新策略。（2001）

3.2

美少女的可能性

——除了性感以外……

如果大家有留意日本艺能界的动静，或许都会留意到一个美少女的上位定律。

她们通常都是先凭外型吸引人注意，推出 image-video来打好基础。然后开始入电视上节目，但必定是从综艺节目开始，直到最后才可在电视剧中演出。而这一阶段是最重要的，因为她们能否摆脱花瓶形象而得到别人的认同肯定，往往也会看她们的演戏表演；换言之，也是"女优"身份的考牌阶段。

以近一、两季的作品为例，我们明显可看到大批的一线美少女开始进入电视剧中作处女演员出。今季我们看到优香在《太阳不下沉》中以水手服学生形象出现，摆脱她一向的性感路线。另一位头号美少女加藤爱也在《池袋西口公园》中演出，她同样以普通的高中生身份出现，且以穿上一双厚达13cm的松糕鞋作标志。她们一向在综艺节目中做主持或嘉宾，但今时今日终于要面对"升级"的挑战压力，看看可否更上一层楼。

美少女的实力分子

如果我们做一粗略统计，近年出道的戏剧美少女还有下列一串名字：池胁千鹤（《堕落天使》和《美人》）、黑阪真美（*Cheap Love*）、内山理名（《美人》）、平山绫（《邻人神的偷笑》）、片濑那奈（《冰的世界》）及管原禄弥（《危险关系》）等。

其中我最喜爱的是池胁千鹤，她在《堕落天使》及《美人》中的演出均可谓教人眼前一亮。尤其是在《堕落天使》中演出芯一角，本身是一极备母性的纯良女生，因受后父的施暴而怀孕，迫于无奈而自杀致死，其中深藏痛苦（面对一众监留所中的同伴）的一面，与激情爆发的一刻，同样教人悄然动容。

在同辈的美少女中，她实在可谓高出几班。即使在《美人》中，和大泽隆夫的一段暧昧关系，也非一般女优可以胜任，以目前的表演可说，她已经远超合格的水平而为我们带来惊喜的演出，是同辈中的高班马。

女优培训基地"美少女 H"

其实这群美少女，并非从石头中爆出来的。过去数年，富士电视台一直有一个深夜的戏剧节目名为《美少女 H》（再衍生下去成为 H2至 H3）。最早期的一批约有22人，从制作特辑中可见她们均要接受严格的演戏训练，经过大量的彩排，所以半小时的戏剧花费的人力及心思均不少。

　　从另一角度来看，《美少女 H》便成为了她们一众人成长的"木人巷"，也是"女优"培训的基地。刚才提及的名字如黑阪真美及内山理名等，正是"美少女 H"组的"产品"。有了先前的训练，自然可以在正式出道时有较佳的表现。

　　所以一旦加以比较，便可看到缺乏训练的美少女是如何粗劣及不成熟，过去 Speed 及 Max的成员及一旦参演日剧（如 *L x I x V x E*，*Sweet Devil*），水平均惨不忍睹，证明"女优"不是单凭知名度便可胜任的。坦白说，我对目前当红的优香及加藤爱毫无好感，而且也不敢相信她们可以与池胁千鹤等人有任何高攀相比的地方。(2001)

3.3
"想要…还想要啊…"
——饭岛爱的拍拉图式教育改革白皮书

在2000年的饭岛爱自传《柏拉图式性爱》（台北尖端，2000年）风潮中，我们不能避免地从偷窥的角度去解读，于是提及AV中的"借位"处理，乃至AV女郎新鲜度锐降的专业运作逻辑，自然都有一定程度把这个色情工业加以"解魅化"的正面作用。只不过我想说如果要深入了解色情工业不同部门的真实运作面貌，其实日本出版界中满是相关的专业用书，由《色情书编辑入门》到《风俗行业实录》之类的作品可谓比比皆是，任何稍懂日文的读者均可从中窥探出更敏感的内容。《柏拉图式性爱》在这重意义上，不过是一小巫见大巫的作品而已。

我反而认为《柏拉图式性爱》，是一深刻有力的教育改革参考读本，因为其中正好赤裸裸道出日本这个"学历化社会"，如何重铸了每个人的身份定位，也由是带来了多少的社会问题。

相信任何读者都会对饭岛爱描述的母亲形象有所感触，"这都是为你好"、"我的教育方针没有错"、"你的努力不够"之类的说话，相信大家都有耳熟能详的"亲切感"。事实上，虽然饭岛爱没有明言，但她笔下的母亲其实已失去了个人的身份特征，而沦为"教育妈妈"（Kyoiku Mama）的一分子罢了。

"教育妈妈"的身不由己

"教育妈妈"于初现时，其实已包含正反两重的含义：正方面指对母亲成功照顾子女，在日本学校制度的竞赛中脱颖而出的肯定；反方面乃指她们成为僵化教育制度的帮凶，对子女作出二十四小时不分昼夜的疲劳轰炸。所以也有人把"教育妈妈"另名为"妈妈恐龙"（Mamagon），即mother dragon之意，来加以嘲讽批评。

尽管有人认为这种教育化的竞争，源自日本社会对公开试的沉重压力（Lois Peak），不过近年已有不少人加以修正，且认为当代日本的小孩早已丧失了童年（Norman Field）。

Anne Allison在《准许的及被禁止的欲望——母亲、漫画及审查于日本》（*Permitted and Prohibited desires—Mothers,Comics,and Censorship in Japan*，University of California Press，2000）中，以个人的亲身体验指出，在日本养育的小孩自幼儿园开始，已需要承受沉重的压力，且要遵守一大串的守则规条。而且母亲绝不能置身于其外，作者提到自己生活于日本的日子里，体会到每位母亲都要被迫成为"教育妈妈"，一开学的时间已有一本妈妈手册傍身。她们被校方诸多训示，由保持子女一丝不苟的整洁形象，到积极参与校方举办的各式家教活动，乃至要完成不少亲手自制的作业以示爱心，甚至连暑假其间也有一大堆规条要坚守而不可放松。换言之，用她的归纳为"所以她们认为被理所当然文化性建构为——为家庭和子女，可以牺牲自我的管家型'母亲'"。当然，关于何谓母亲的一套意识形态，亦令教育理念以及学校制度中所奉行的手段相扣互通起来。

所以饭岛爱之母声言"我的教育方针没有错"，其实恰好正犯了大错，因为那不是"她"的教育方针，而是整个日本社会的教育制度化设计流程，需要放回日本后工业人力劳工市场中，去反省其中政治及经济的互动关系才得以建构出真正的身份。

同性相拒的压力

　　当然在饭岛爱与母亲交往的例子中，由是同性相拒的关系，同样也令到关系更形紧张。事实上，在日本社会中有一个甚为普遍的现象，就是母子的关系一向较母女来得密切，而且不时亲密到出现"母子乱伦"乖常现象。其中一流行的解读为因为日本少男的升学压力甚大，而同时青春期中又往往受性欲困扰而不能专心向学，于是部分母亲为求平伏儿子的生理需要，于是便以自己的身体来满足儿子的需求，由是建立出一重双方共同享受的亲昵关系。而结果往往为儿子重拾正轨，努力面对及应付公开试云云。

　　这种情况自然非所有人均能接受及理解，但显然于饭岛爱和母亲的关系中，连丁点的依存关系也被掏空，由是更把死胡同的困局激化出来。如果在上述提及的"母子乱伦"例子中，母亲能够以性作为手段来抚平及克服儿子的青春反叛不安，则饭岛爱显然同样以性作为终极反叛（"你真的那么喜欢做爱吗？"实在可圈可点！）的手段，由是来画清界线以求重建新生。

为自己的人生负责

所以其实在书中引录的母亲笔记，恰好正正道出母女双方均成为教育制度的牺牲品。

"从现在开始，那孩子将要决定自己的未来，自己决定重要的人生方向。就算是堕落的人生也是她自己选的。……我迫切地需要精神上和肉体上的解放，要被送进少年感化院，或是从初中休学，还是毕业后马上工作，都将由你一个人来决定，责任也将由自己来承担。"（257页，中译本）

本来为理所当然自然不过的自主抉择，于僵化的教育制度被逼成为充满痛苦的选择历程，而且制造出种种对立和矛盾来。饭岛爱的例子表面上为一不良少女的自决历程，甚至引来女性主义者的自我诠释解放进路（关于更多的AV女优自白心态，可参考永泽光雄的《AV女优》，由文春文库出版，是一本有血有泪兼且有趣的相关读本），但其实一切皆源自教育风气的制约，致令母女彼此陷于不相闻问的长期困局之中。

母女关系的重构

事实上，近年也有论者指出母女关系已经有逐渐改善的倾向，小笠原木绵子（Ogasawara Yuko）在《女白领及上班族》（*Office Ladies and Salaried men—Power, Gender, and Work in Japanese Companies*，University of California Press，1998）中指出，近年不少母亲倾向喜欢女孩多于男孩，因为女儿将来会成为父母的情感支柱，反而儿子则只会顺应妻子的指挥，而日益和父母疏远。无论她的观察有多少的真确性，大抵背后仍离不开源自教育制度中的一套功能化概念（因为女儿将来会关心我，所以我爱生女儿），仍然对上下两代的关系于事无补。

是的，如果连亲子之间的关系也相互计较，那又怎会有一条新的出路可见呢？（2001）

3.4

谁是Ｋ歌之王？

——卡拉是否永远ＯＫ？

是的，如果要数日本生活潮流的最成功商品，卡拉ＯＫ相信一定为1990年代的经典。

事实上，卡拉OK肯定已成为了全球化的现象，于东南亚、澳洲、新西兰、北美及不少欧洲地区，都已成为了正常的消闲工具，而且它的衍生方法又十分多变，由街坊地痞酒楼到冠冕堂皇的大酒店，甚或是与风月场所加以结合的love hotel，都可见到卡拉OK的存在踪影。由格温妮丝·帕特洛主演的《K歌之王》（Duets）正好说明了它的世界普及性。换句话说，我们已进入一个难以脱逃卡拉OK影响的世界了。

传统上，一般学者都会归纳出以下关于卡拉OK成功现象的观点：一、满足了唱歌的喜好；二、满足了成为明星的幻梦，为人达成梦想；三、有效地减轻压力；四、成为场域供人策略性地满足个人的"政治"目的；五、是社团沟通的中介工具，作为润滑剂的功能，令组织成员可以容易展开话题及解决疑难（以上见 Bill Kelly在Japan's Empty Orchestra:Echoes of Japanese culture in the performance of karaoke的分析）。但在文化工具的输出输入过程，我们又可从中看出更多微细的变化。

卡拉永远 OK？

先说一个个人经验：我在东京念书的日子，曾在一日本料理店当小厮。大约工作了半年后，日语开始破破烂烂地说得几句，于是逢每月发薪的日子，店长便会号召一起去卡拉OK作乐。

我在店长的恩恤资助下（因大家都知道我为贫苦的留学生），得以经常地参与活动。而当我可以像模像样地放声高歌一两首后，很明显透过他们热情鼓励支持的神情，我知道从那一刻开始得以成为他们的自家人。

根据部分人的观点，英国人纯粹视卡拉OK为游戏，而日本人则把它严肃认真地看待。所谓严肃看待，除了讲求提升个人的卡拉OK技艺外，更重要是指卡拉OK的社会功态。我的经验说明了卡拉OK可以成为一种手段，为自己争取到被认可为职场中一分子的作用。反之我们在港、台唱卡拉OK的经验，其实均以娱乐为目标（当然也有卡拉OK夜总会以色情作招徕），与上述提及的英国经验相似，成为了卡拉OK文化的异地出入演绎文化。

唱 K必杀技"十八番"

我们唱卡拉OK，都习惯了每人自备"饮歌"，即自己最擅长、演绎得最出色的作品；而每次到卡拉OK，高歌"饮歌"（最喜欢的歌）都会成为指定动作，成为小圈子中遣兴的必然程序。

　　日本同样有相若的情况，他们称各人的"饮歌"为"御箱"（Ohako）或"十八番"（hachiban），而且意义规范得更严格。我的意思是说，一旦某首歌在一个团体组合中（无论是同事、旧同学乃至某一俱乐部的会员）被认定为某人的"十八番"后，则它便会由"别人的歌"成为了"自己的歌"。同一组合中的其他成员，一定不会在同一场合献唱同曲，否则便会被视为不懂社会礼仪，以及做事不懂分寸。

　　事实上，为求巩固自己的"十八番"，坊间有不少卡拉OK课程出现来训练人的自信心，甚至连NHK都有电视节目教人如何去找一首适合自己的"十八番"。至于一般的O.L.，更加要勤练多首"十八番"，以便在卡拉OK时段中娱宾，以及争取攀龙附凤的机会。说来委实可怜，但更可悲的是一切仍是实情。

卡拉OK打救"受薪族"

　　卡拉OK文化，在日本仿佛成了工作的一部分，变相为"附合"（tsukiai）的一个环节。

　　所谓"附合"，即我们所谓的朋友交往，但当中有包含到一种应酬交际的成分，所以通常用来指称同事于下班后一起或与客户遣兴的一种交往方式，有某种身不由己的强制性意思。但与此同时，卡拉OK亦带起了另一点较为正面的社会功能。

一般来说，传统上的日本"受薪族"（他们所谓的sarariman），都惯于下班后和同事沉迷于声色犬马中，饮酒、赌博以及尽量排斥女性于交往圈子中。但卡拉OK的风行，令到"受薪族"的遣兴模式得以改变，接受女同事的参与风气日盛（也因为女性的歌声往往较为出色），而且可被视为一种较正当的娱乐方式。甚至连年轻人也可从中受惠，以较价廉及免除酒精影响的环境，享受到和同辈的正常社交活动，因而得到社会上的正面肯定和认同。

到此为止，卡拉OK又不尽是非人性的"残业"（下班后要完成的工作）一部分。

明星梦的私人化

卡拉OK的其中一个功能，是满足玩者的明星梦。

日本的卡拉OK，甚至有一些特别的程序设计，供少女于演唱中可以 idol image video（少女明星最喜欢用来吸引观众的发售商品）的形式，自我陶醉地高歌表达及自我介绍，百分百贴身贴心地为满足少女的明星梦服务。

但回到港、台两地之间的情况，卡拉OK由过去的要下场献唱，到目前已为个室化的趋势全面取代，说明了一个事实：追求明星梦已不会表露人前，在大场中即使技惊四座，极其量将来成为一个酒廊歌手。但于个室中作明星演绎，可以在一受保护的环境中，充分满足到自己的明星欲望。

更重要的，是这一种明星梦投射，永不会遭人刁难（大家都知道于大场中，水平不够的演绎是会遭到什么样的对待），而且可以百分百私人化自给自足，成为一永远的小圈子明星。

因为有卡拉OK，所以我们才可以有那么广阔的流行演绎空间。（2001）

3.5

玉女还是肉女？
——由日本到香港的美少女

日本作为一个全球庞大的美少女制造工厂，一直对美少女的需求甚为殷切。虽然这类所谓的美少女"艺人"（tarento）人数甚众，但不少的作用仅属电视节目或广告的花瓶，彼此都可相互替换，沦为过目即忘的布景板。但能够杀出重围成为天皇天后的也从不乏人，西方论者如Mark Schilling曾质疑日本的美少女现象，其实乃另一来自西洋的舶来品——以波姬小丝（Brooke Shields）的形象加以翻版再造（见*The Encyclopedia of Japanese Pop Culture*，Weatherhill, Inc.,1997。台湾中译版名为《桃色狂潮》）。不过我却有所保留，因为日本的美少女传统一向源远流长，只不过于不同年代会由不同的名目称谓演绎吧。

由松田圣子说起

1980年代随着山口百惠的息影作家庭主妇，以及Pink Lady于1981年解散后，日本的艺能界便出现女艺人偶像的真空状态，18岁的松田圣子适时地于1980年以大碟《赤足季节》出道，当年Sun Music及CBS-Sony推出破天荒的七千万日元的宣传计画，令到松田圣子得以一炮而红。当然以她18岁的“高龄”出道，还可否以“美少女”称之委实堪成疑问。但更重要的是她带起了整个burikko风潮。Burikko指那些常故作纯情、天真无邪的日本女性，说什么也要扮傻故作无知，回话声调一定高出八度，由是希望讨好身边人。正因为此，松田圣子得以凭18岁的出道“高龄”继续故作小妹妹混下去（一般日本女性流行音乐偶像歌手的出道年龄约为15岁），而且正面迎合市场潜在男性消费者的“洛丽塔情意结”（Lolita Complex），成为一社会现象，甚至教万千少女盲目疯狂模效她的burikko行径（日本音乐界的宣传人员也公开承认迎合Rori-kon为刻意的手段，Rori-kon即Lolita Complex的日译发音）。

超凡入“性”的演变

刚才提及迎合“洛丽塔情意结”的手段，已经含蓄地暗示了美少女于性方面的市场潜力。正如汤山玲子于*Girls in the forest*中的分析：“踏进九〇年代，日本社会可谓进入了突出‘性’的时代。”和性有关的意识及组织，于高度资本主义社会的金钱及信息情报漩涡中，已经大量渗入了市民的日常生活中。而身处此时此刻的少女，已经无可选择地成为了欲望的投射对象。她认为即使是小学高年级的女生，已经没有剩下多久的少女时代，一切都被迫与“性”扯上关系（*Studio Voice*，第274期，1998年10号）。这种出凡入“性”的时代演变，最佳的演绎者自然为宫泽里惠。

宫泽里惠的崛起固然有其血统效应，她作为日荷混血儿（父亲为荷兰人，母亲为日本人）自然迎合日本人对国际化的崇洋响往（由1980年代的石田光、西田光到目前的叶月里绪菜，及至宇多田光均是以国际牌来吸引日本人的支持拥戴）。但更重要的是她正面以少女的胴体作为武器，以 *Sante Fe*来改变了一个时代的历史。*Sante Fe*除了以全版广告直击日本大报作耸动效应外（首三个月已售出一百五十万本），更重要是改变了大众对美少女胴体的定见，把本来局限于龌龊老头的偷窥视点对象，光明正大地予以改造成为全民向往的美感化身。

筱山纪信的影响

　　"少女革命"的出现，除了天时的刺激，自然也要人和的配合，其中最大的影响力当数筱山纪信的崛起。自1970年代末期开始，筱山纪信开始踏足写真界，而且一直以拍摄普通少女为焦点号召。1979年*Goro*特刊中《一三五名女性朋友——筱山纪信激写全摄影》已成为一代的传颂经典作品。到了1991年，当宫泽里惠遇上筱山纪信——*Sante Fe*的露毛威力便真真正正教人无法抵挡。自此社会上尤其是年轻女性均流行"脱了也很酷！"的看法，尤其是"只要是筱山先生拍摄，则全裸也无妨"的说法可谓成为时代流行谚语。筱山纪信继后推出的《少女革命》，正好延续了以往的神话，来为新一代的无名美少女留下倩影，令流行神话得以化为现实。时至今日，反过来有不少女艺人期盼筱山纪信的镜头相助，以突出她们的性感号召力。1998年*Friday*的"筱山纪信Special"，正好以一众新晋女星来作招徕：吉野日奈、广末凉子、中山亚微梨、新山千春、小泽真珠、山田麻利亚、佐藤蓝子、吉野纱香、永作博美、大河内奈奈子、叶月里绪菜、北浦共笑、矢田亚希子、小岛圣、原千晶和友阪里惠——一看阵容便知来者不善，声势逼人。换句话说，也确立了美少女一定要向"性"靠拢的时代诉求。

语言的革新

　　与身体革命同时进行的，为少女于语言上的自称变革。由1980年代中期开始，部分日本少女已倾向放弃日语中女性化的自称atashi，而改用"仆"（boku）。Boku的取用正好代表了破坏制度习尚的态度举动，希望从而改变了女性传统上的弱者形象，1990年代初崛起"不思议少女"四大天后之一的内田有纪（其他三人为观月亚里沙、叶月里绪菜和濑户朝香，此处用了Shiro Madoka的说法，见《Nippon Idol探侦团十年读本》，宝岛社，1998）正是"仆"族的强势代表，连带起后来的广末凉子，我们可得到一重美少女变革印象：短发、充满阳光活力、说话男性化、追求自由自在，谱出了时代的另一诉求。

由日本到香港

　　香港一向没有"美少女"的称谓（或许有自知之明），但"玉女"的说法则源远流长。由已淡出艺能界的周慧敏、到少男梦中情人朱茵，乃至仍然当红的梁咏琪、张柏芝、陈慧琳、容祖儿乃至新近崛起的李彩桦（当然勉强仍有不成气候的何嘉莉），都是娱乐圈中所谓的"玉女"艺人。"玉女"的名目某种程度有参考"美少女"的成分，但其中的"误读"成分却显然可见，尤其是往往局限于纯情形象上大造文章，委实教人对香港娱乐圈的封闭愚昧习尚叹为观止。

　　日本"美少女"的多变形象，以及勇于求变的进取精神，证明了在迎合市场形象塑造之时，同样可以有自己的发挥空间。事实上，大家都知道一切不过是市场上的促销玩意，于不同阶段自会有转化的契机，松田圣子由当年的burikko，演变成今时今日性滥交且苛索无道的狼虎之女性，证明了世事无绝对。而反观香港的"玉女"文化，既无力如日本美少女般达致裸露而不鄙俗的"肉女"境界（香港其实也不妨以一般求生的少女"肉女"，由数年前的麦家琪到现在的颜仟汶，但均难逃沦为堕入三级片女星或成人节目主持的窠臼），而自身形象上又无力突破，成为流行文化中极少数的沉闷例子。

　　其中一个死结，为日本的美少女一向重视崇尚大自然的活力形象，常以泳装相片来表露对青春的颂歌。相反香港的这群"玉女"往往长年不见天日，即如最具个性的张柏芝，也惯于厚妆粉示人，那正好是一种以非自然来背离玉女崇尚自然风格的最大反讽。（2001）

3.6

反町和松岛的"被写体"旅程
——不是冤家不聚头

近来日本艺能界大事，自然以反町隆史和松岛菜菜子宣布婚讯最为轰动。我登时想起三浦友和于1999年出版的自传《被写体》(中译本，文化艺术出版社，2000；原作1999)，内里详述了和山口百惠结婚二十载以来，长期成为狗仔队追踪主角的心路历程，其中主、客之间的反复争缠可谓发人深省。

劳累的对抗

我们都知道狗仔队一词源自费里尼的《甜蜜的生活》（*La Dolce Vita*，1960），而他们一直和艺人的生活有不可分割的依存关系。事实上，狗仔队偷拍艺人的私生活相片，往往起了改变艺人命运的重要性；由影响了"被写体"的星途命运，到促成了艺人进行了一些人生上的抉择——凡此种种的变化，委实不可一言以蔽之而轻易作盖棺论定。

补充

三浦友和在书中提及一个片段：当年他与山口百惠未向公众交代恋情之际，曾经有一次在自己家门外被人偷拍了。他连忙和经理人商讨对策，结果决定"粉碎对方伎俩的手段只有一个，就是由我们自己公布恋爱关系"，于是山口百惠便趁翌日于个人演唱会之后，正式首度开腔向公众交代恋情。

后来的情况为那张偷拍相片，隔了好一段时间才发表。虽然也曾引起一番议论，不过"从新闻报道的时效性和价值观来看，它的作用已大大降低了。"

不过三浦友和的一段反省自白，委实教人犹有余悸："但是我并没有获胜的快感，只是感到很累。不过借用一下'因祸得福'这句成语，那就是这件事大大缩短了我们通往婚礼殿堂的路程。"

如果我们回头检索反町、松岛恋情的曝光历程，大抵不难发现其实和三浦、山口当年的情况相去无几。原则上有三幅相在交代两人恋情的推移中，均有重要的影响力：先有一张两人于停车场被人偷拍的相片出现，再有一次外游时被人拍下的出游照，最后也是最著名的一辑便是两人在反町家中露台上悠闲地乘凉的风景。而且不约而同均与狗仔队杂志之王的*Friday*拉上关系，于是今时今日的公开婚讯也可说一直饱受传媒的注目——虽然激化关系的成分仍不得而知。

我别无选择

　　三浦友和提到1986年时，北野武曾经率众上*Friday*大肆破坏，作为对无理的强制采访加以报复。北野武当年接受访问时的金句为："如果有别的解决问题方法，请你们告诉我！"

　　是的，"我别无选择"是背后的潜台词。然而当三浦友和与摄影记者如箭在弦挥拳抗衡时（事实上，他曾两次向摄影记者动粗，更戏剧性的是其中一位受了他老拳的摄记，竟然曾到他家门为骚扰了三浦家人的安宁而致歉！），对方的反应同样是因为读者及观众爱看名人的生活状态，于是他们也是处于别无选择的一种处境中。

　　我想其中除了透过镜头去偷窥别人生活的权力快感外（利用镜头去宰了别人的生活），背后更重要的思路为苏珊·桑塔格所指的"视觉的英雄精神"（The Heroism of Vision）想法。桑塔格在《论摄影》（*On Photography*，Penguin，1997）中，提到自从相机发明之后，开始了一种自主性的活动新模式，由是容许摄影者自身以个人的敏感触觉，去捕捉眼前的世界，由是成就出所谓"视觉的英雄气慨"。

　　背后改变了的思维逻辑是：世界的客体变得不再重要，重要的是被选取出来的片段；被选取出来的片段，会由片段化成为整体，作为观者对世界道东说西的直接凭依，从而肯定了摄影者的无上权威，而且也改变了对世界的看法。是的，我们因而改变了"看"的习惯，改以摄影者的角度作为本位去阅读世界。

　　三浦友和谈及两个深刻的例子：一是某次山口百惠被人偷录了日常生活的片段，而且电视还以两小时的篇幅作报道。节目中有不少嘉宾出席，他们对节目均持肯定态度，说"妻子的名声长盛不衰，任何人都想看到她嘛"。三浦的反应为永远也忘不了他们的嘴脸。

　　另一件事为三浦家有次遇劫，正确一点说是有狂汉冒税局人员之名撞门而入，在混乱中连山口百惠也受了伤。结果在一个清谈式的节目中，一位喜剧演员破口而出："一听说是税局的就打开门，莫非心中有鬼？"从此之后，山口百惠一看到那位喜剧演员出现在电视上，便立即改换频道。

　　以上两个例子，正好充分说明摄录了的片段本身，如何成为旁人的谈资话柄，而背后的细节真相全部忽然之间变得无所相干（三浦家财物失窃多少？小孩有没有受惊？山口百惠的伤势又是否严重？），观众追求的不过是一时一刻的话题——人死楼塌不过是小插

曲,总之以摄影者的"战利品"(相片或影带)为歌颂的凭借依归。是的,我们益发变得麻木不仁。

路漫漫而无尽

是的,今天反町隆史和松岛菜菜子的"被写体"生涯才刚刚开始,还有不少层出不穷的新问题要面对。更重要的,是他俩和三浦、山口的情况不同;虽然两段婚姻中,同样以女方较男方的成就较高,但松岛并没有如山口般决定一结婚便息影从夫。所以于往后的日子里,反町和松岛的夫妻档与传媒的互利合作关系,仍然会非常紧密。

事实上,日本的传媒和艺人经理人公司一向均存在讨价还价的谈判方式习惯。当年三浦和山口的海外度蜜月旅程,也是透过打开天窗说亮话的方式,以部分时间作公开采访报道,来换取其他时间的私隐自由。只不过到了今天,在传媒(尤其是狗仔队竞争的白热激化阶段)争霸战炽热气氛下,当年的运作模式是否仍可发挥一定成效,又是一个有待检验的问题。

是的,一切就在身边,而各位台湾的艺人相信也快将尝到苹果港式的狗仔追踪滋味了。(2001)

3.7
暴走漫画的游戏化精神及职场伦理省思

日本以暴走族为刻画对象的漫画中，G.T.O(《麻辣教师》)及《上班族金太郎》算是当中的翘楚，两者的单行本发行量均已超越二千万本，而且也先后分别制成为电视剧及电影。鬼冢老师及金太郎于现实中，同样协助演绎者反町隆史及高桥克典把个人事业推上个人的高峰。

客观情况去回溯，G.T.O的电视版出现于1998年，《上班族金太郎》则出现于1999年，而两者的电影版均在1999年公映。那当然并非为一偶然现象，1999年可说是电视台大手插入电影界的"好日子"，背后自然因为有1998年《跳跃大搜查线》的破纪录成绩作刺激基石，由是令大家都看准把电视剧改拍成电影的市场潜力。而作为电视剧的主要素材来源的漫画，自然也得到更加多一重的"越界"拍成影像的机会。不过由漫画改拍成电影，其实过去的往绩也不见得特别令人鼓舞，TBS电视台曾在1992年出资与东宝合作拍成《课长岛耕作》，但即使有弘兼宪史的畅销及话题作背景支持，作品的水平及卖座成绩均可以一败涂地来形容。所以1999年的漫画电影风潮中，也是按稳步尝试的方向来经营，如《上班族金太郎》就找来日本著名的导演快刀手三池崇史来执导，务必把风险减至最低。

暴走族的越界梦

在日本流行文化文本中所反映出来的暴走族，G.T.O及《上班族金太郎》两作均有一共通点，主角鬼冢及金太郎都是前暴走族（Bosozoka）的首领，两人均已经引退而投身进另一风马牛不相及的生活界别。而且所投身的新界别：教育及商业世界，都是在日本文化中以规条森严及刻板见称的。换句话说，两者均以"错置"的手法，让向以不守法则的暴走族成员成分，于抗衡的范畴中生活，以展现所带来的戏剧冲突矛盾效果。

传说的理论中，往往认为参与非法行为的人，是为了表达被抑压或受挫败的欲望，而成因通常是因社会的森严成规所束缚而带来的。但两作鼓动的"越界"举动，证明了传统的逃避发泄已经不合时宜，游戏可以更加有趣：就是可以一看越界夺权的可能性。

一般外国人均可能对暴走族存在误解，以为是黑社会的次文化而已。实质上暴走族一向有自己的世界领域，而且也有一套所属的法则成规。佐藤生也（Sato Ikuya）在《神风骑士》（*Kamikaze Biker—Parody and Anomy in Affluent japan*，1991）指出通常暴走族最意气昂扬的为"市内暴走"，指一大群成员于午夜时分风驰电掣于市区内奔走。在出发前会约好时间和路线，但通常因为消息外泄给警方知晓，或又是沿路遇上不能估计的状态，因而会不断即兴改变。而决定权正好掌握在最前一辆的首领座驾上。负责殿后的一群通常都预计了会被警方追到，他们往往负起阻挠警车时间，以及偶尔展现花式（如之字形前后，又或是放下支架来制造出火花效果）来娱乐旁观者。

当众人到达目的地，经过一番议决，知道了下次的日期后，各人便开心地回家重过平凡的日常生活。基本上没有涉及任何犯罪活动，而且不少参与者都是家境不俗的中产阶级，由是建立起自给自足的暴走族形象。

游戏化的可能

即如在企图捕捉暴走族原貌的作品中（《黑皇帝风驰电掣》，1974），导演柳町光男也走了冤枉路，把重心放在了组织内的帮会式规条描述上。但对暴走族的核心观念却未能把握，事实上当代不少论者已对传统的社会控制理论主流的想法感到不满，认为未能解释到层出不穷的变异行为。

其中在暴走族的例子中，大抵最为人忽视的便是他们对游戏本身的热切追求，清楚一点是从不正途的行为中去寻找个中兴趣（the fun is doing Evil）。游戏本身纯粹自给自足，"市内暴走"本身已是终极目标，背后没有其他更深层的利益考虑（例如结党成派，又或是什么实际的经济利益）作支持。

事实上，不少人已留意到在暴走族的犯罪行径中，其中什少和现实中的窘境或苦难有关（与文前提及的解释模式相异），而是一直强调在游戏中的趣味。如何可以令游戏更精彩刺激，才是他们的关心重点。

其实在当代的文明社会中，游戏的正面功能及意义，往往早已被抑压或掏空，令到社会益发缺乏生趣，荷兰学者赫伊津哈（John Huizinga）早于1944年的名著《游戏的人》（*Homo Ludens*，中译本，中国美术学院出版社，1996）中，指出当代文明的困局："我们得出了越来越悲观的结论，文化的游戏成分自十八世纪全盛之时以来，就一直处于衰落之中。今日之文明不再游戏，即使它看似游戏，也是虚假的游戏——我几乎要说，它在玩假（play false），以致要辨别出在哪儿游戏终止，而非游戏开场都日渐困难。"

正因为当代文明社会令游戏精神无法生根，于是作为缓和紧张的一种重要途径，也因而失效，自然令到社会潜藏的危险因素更加滚动澎湃——因为一本正经（dead serious）的确杀死了幽默感。由是而衍生出来的反调：当社会以为暴走族为不良的非法分子，其实他们不过是成年人的一场游戏；反而在办公室内衣冠楚楚的沉默大众，才是一触即发的极度恐怖分子。

对我来说，与其看政府的所谓犯罪分析报告，不如从流行文本中去寻找解释答案，往往来得更具启发性及洞见。正如先前提及的*G.T.O*及《上班族金太郎》，两者其实都提到了暴走族背后根源的游戏精神。所以鬼冢化身成老师，以及金太郎一变而为上班族，都是追求游戏更加有趣的探求方向，和他们本质上的心理倾向完全同道配合。姑勿论场景及情节的编排，是否过分漫画化以致流于天马行空（那是另一重的考虑），但作者对两位主角的性格塑造，显然反映出对暴走族的深切理解。

从硬币的另一面来看，G.T.O及《上班族金太郎》之所以广受欢迎，也建基于对文本中其他老师及其他上班族一分子的刻画上。事实上，对游戏的渴求，并不止仅存于鬼冢或金太郎一个人身上，背后的其他人均同样有相若的欲求，只不过未有付诸实行及探求而已，而游戏于是正好从这两重身份的拉扯角力中来展演出戏剧趣味。

日本的职场角力

对于日本文化，不少人一直认为别具一份神秘感，因为语言不通，自然便有多一重想象牵涉在内。例如日本的企业文化，因为彼邦强劲的经济实力，往往也教人有特别想深入了解的冲动。由男性角度出发的《上班族金太郎》，正好可以提供另一重角度，来理解日本职场中的问题。上文提及的游戏化精神，表现在作品中便成为金太郎的专利，他成为唯一敢以挑战职场成规的"异客"，自然即变身为注目焦点。但这样去理解金太郎的处理，未免仅看到事情的一面，因为金太郎在职场中之所以能够备受女同事爱戴，正好也是日本职场能否升职的关键之一。

小笠原木绵子的《女白领及上班族》是一本可以补救以上缺憾的作品。作者小笠原木绵子透过在日本大企业的工作经验，加上学院的分析训练，带来调查严谨，行文却又不乏趣味的日本职场文化观察手记。事实上，她特别对日本职场中的男女角色，在别具慧眼的深入看法。

愛と正義の使者
バナナマン
門司港レトロ

一般人均以为日本社会非常之男尊女卑,反映于职场文化中也无异致。作者并没有为这复位见翻案,但却指出这不过为事实的表象,真相还大有文章。正因为日本职场文化中,仍然存在严重的男女不平等情况,前者无论薪俸、地位以及晋升机会均远超后者,所以也形成一"分流"局面——公司内的正事由男同事负责,反而女同事则不过是琐碎事务的执行者。正因为后者别无所求也无从去求,因此所谓的上司及下属的关系也不管用。日本的OL可以柔性地集体怠工,来表示对憎恶的男同事之反抗。反过来说,一个男上司在日本的管理文化中,也被认定不可对OL用强,因为只会反映出自己的管治无方;简言之,对办事无能的男下属可以随意破口大骂,但对女下属则要以柔制刚。事实上,一个不能驾驭OL的日本上司,会被界定为没有前途的失败者。

所以在现实的日本职场文化中,原来往往被"骚扰"的反而是男同事,OL会三朝五天来一些言语上的调侃,由公开要求上司请客吃饭到简单如日常生活上的"糖果费"都不能幸免,一旦遇上大时大节如 White Day(日本所自设的情人节,在2月14日中,一般是由女性向男性送朱古力表示致意,事务化的被称为"义理朱古力";而3月14日更被定为White Day,是男士向女士回礼的大日子),则往往要大破悭囊,甚至可说要大出血才可保全男士在公司内的面子。

这本来可说是OL在日本职场文化中,一种柔性的集体反抗变奏策略。事实上,加上流言在OL文化中又属极为有效的传播信息方法,所以一旦有男同事被OL说了一句坏话,很快便会流通全公司,而他亦会陷入万劫不复之地,故此OL对同事的升迁仍可说具备不成文的潜在影响力。然而回到争权的女性主义议题上,OL的再塑个人位置以及透过集体团结来营造不可见的压力,却又正好建基于一些男女角色的偏见角色定位上——她们之所以发挥影响力,正好在于多口、情绪偏见掩盖理智、不以大局为重及贪小便宜等负面的角色形象,由是带出一重内在矛盾:以女性的弱者角色来争取夺权的机会,成了一殊堪玩味的议题。我认为小笠原佑子一书正好用作为对照日本职场文化的镜子,而在此基础下,再重看如《上班族金太郎》之类的作品,大抵便会有多一重的现实体会刺激。

金太郎在进入营业第一课时,劈头便宣言要"想做好工作及谈恋爱",瞬间成为女生的注目焦点。在作品中,差不多所有出场的女角,不分老幼均几成为金太郎的爱慕者,如真澄、美玲及瞳等,甚至连老人家加代也不例外,他的女性缘正好反映出能胜任职场的要求。借用*G.T.O*中的理事长的一句话:"像你一样是我们所需的。"(2008)

3.8
因中岛美雪之名

一直不太敢与人说，其实自己是中岛美雪的歌迷。听中岛美雪，虽老饼却不致品位差，却总不如欣赏椎名林檎般与时并进吧。直到1998年野岛伸司的《圣者的行进》，它的主题曲《命之别名》（后收在1998年《请成为我的孩子》）委实教人入耳难忘，其中对残障者的激励："石呀树呀水呀我也好，谁也不能伤害到的你们"，令人精神振奋，于是迫令我也要come out（站出来），承认对中岛美雪的钟爱；另一主题曲《糸》，以纺织的纵横交错来譬况男女关系的角力纠缠（后收在1992年*East Asia*），当中的惊喜连野岛失色的作品，也得以重注了一股生命力进去作补偿。

我在1991年到日本念书，那时候的中岛美雪迭创新变，教人为之动容。事实上，中岛美雪一直是停不了的求变者，早于1980年代开始流行MTV的萌芽期，她便在1986年的Single《我的暑假》中附送Video Clips。而她又敢作尝试，1986年大受欢迎的新闻节目主题曲《安稳时代》竟然一直不出碟，直到1991年才放回《只能以歌来表达》中，可见早有不按牌理出牌的倾向。

由1989年开始，她率先改变了日本演唱会的惯例，把固有的六时半开场定规一变为八时，且选择在剧场色彩浓烈的涩谷广场（Bunkamura）开腔，揭开剧场化演唱会的序幕。事实上，中岛美雪一向都是唱作歌手，惯了一手包办作曲及作词，也曾有评论者指出她若不当歌手，一定可成为出色的文学家。在文学素养及歌艺的结合下，终于成就了她自始之后每年一次的《夜会》系列。

《夜会》是一实验性的演唱会，由1989年开始直到1995年为止，前后有八次演出，每一次都是一全新的舞台结合文本的演出尝试。我印象中最深刻为1991年的《夜会3之邯郸》。那时候正好在日本，可惜因要兼职做店小二，加上身无闲钱，所以只有看海报止渴。邯郸不是别的意象，而正是源自中国《枕中记》的"邯郸之枕"的故事。往后她的《夜会》总也不离文学素养的滋润，继有《古事记》中的"金环蚀"及《雨月物语》的"浅茅之宿"等，可说是迭求新姿的幻化。

事实上，当年她于表演形式上的新变，我想是与她面对社会所作出的响应有关。踏入1990年代，日本的泡沫经济问题清晰显现，数十年来的成长神话终告结束。1993年细川护熙的内阁成立，代表了政治上维持了55年的自民党及社会党的对衡局面消失。中岛美雪于1992年推出的 East Asia，已有意识地把场域视野锁定在东亚区，同名主题曲更提出同是黑眼睛的岛国居民，究竟应如

何思考自身的存在位置等问题。其后的"夜会"系列，既曾把舞台定于中国圈内，也有描绘东南亚及日本旅客关系的主题，可说把焦点对准在时代的议题上。

对我来说，中岛美雪的最大诱力仍在于她文学性的温婉，与歌声的浑厚所构成的错位感觉。以我深爱亦是她的代表作之一《歌姬》（收在1982年《寒水鱼》）为例，本来是一讲述女性因常被男性欺骗，因而要借歌姬之声以抚平伤口的抒情曲，其中"不能赶上向南回航的轮船／瘦削的水手在吹奏口琴／在沾满泥沙的生锈玩具上／纤瘦的蝴蝶在飞舞寻找花蜜"，充满诗性意象的经营，把具体的主题与明暗交错的意象并生互糅。曾写出《井上阳水论》的竹田青嗣形容《歌姬》能唤起对生之时间的起动力，在勾起哀伤之余，亦有一重要生存下去的力量渗透出来。而写成《寻找中岛美雪》专论的天泽退二郎（《河出书房》1992年初版），更认为《歌姬》是中岛美雪的一个阶段小结标志，因为她已有足够自信，对自己的音声可传递出来的影响力予以自我肯定的一次回顾。往后中岛美雪会否仍可带来惊喜犹未可知，但她在我心目中的地位大抵已经不会动摇的了。（2001）

3.9
明星书写的万花筒

日本明星一向喜欢出版个人著作，而且内容什多变化，不一而足。他们往往乐于作出不同尝试，甚至连文学创作也不会错过。

女优的文艺书写

尤其是知性型的女优，文学才女往往也是传媒刻意塑造的形象之一，其中佼佼者如本上真奈美（较著名的日剧作有1998年的《沉睡森林》、1999年的《苏醒的金狼》及2002年的《天国的阶梯》等），一向便以文艺少女身份示人，所以连《本上真奈美的极文学之京都》之类的节目也可以出现，便证明条条大路通罗马。她的《本上之虫干》（1999）、《本上之天日干》、《本上之铅笔日和》（2002）及《本上之眼镜日和》（2005）等散文随笔，可以乐此不疲的接连出版，足证追看捧读的人委实不少。

当然，若论名气之盛，始终以中山美穗的文艺少女掌门人身份声誉较隆。不仅因为她在艺能界的成就更高，同时又不甘只限于散文的撰作，甚至进行小说之冒险。她的《我和我》（1997年幻冬社）甚至在台湾有中译本推出（沈燕翎译，台湾东贩，1998年），从营销的角度来看，我不讳言这是聪明的尝试。中山美穗自1980年代中期步小泉今日子后尘，以"元气派"偶像踏足艺坛，她一直均予人多才多艺的形象。由自己填词到写下处女作的"小说"，加上贯彻书中的"天使"、"自杀"及"血"等意象的复沓，至少达致对"文学"的基本要求。不过由衷而言，她的小说委实写得不过尔尔，加上内里有不少梦呓式的思绪片段，我认为若然把它精炼浓缩化为歌词，可能更能凝铸精华去其糟粕。

正视个人的阴暗面

最近看织田裕二的《脱线者》（朝日新闻社，2007年）及江角真纪子的《情热垃圾》（角川书店，1997），两人都是我喜爱的演员，而文字著作都是我首次接触。教人

大吃一惊的是，两人均不约而同正视成长历程中的阴暗面，而且娓娓道来与读者分享。织田裕二劈头便交代在高校时已有自杀的念头，高校一年级的夏天因膝伤关系，于是被迫放弃了一直全情贯注的网球训练（他自言全年终日无时无刻不在为网球而神魂颠倒），不仅肉体上大受打击，也顿时感到人生目标完全落空，自杀想法久久挥之不去。他指出忽然之间，觉得身边所有人都遗弃自己，实时陷入无比孤独的世界，甚至一切好像与己为敌似的，于是开始过着放浪的生活，每天逃学赌博，不到最后一班列车的时间都不肯归家——似曾相识吗？是的，你可以说这不是最近秋叶原街头杀人案凶手加藤智大的少年雏型吗？

至于江角真纪子对自己的排球岁月则写来处处见情真（她的高度肯定是女排的天赋材料），尤其是对中学时期的岩井教练更仰慕不已。由老师的刻意折磨式的针对锻炼，到自己到大阪升学后遇上交通意外险些破相，之后开始模特儿之路，结果两人在大阪重聚，而江角对教练买给她的白色耳环一直珍而重之收藏。到江角有一次回乡，与岩井教练夫妇一起晚膳，当岩井问江角将来想嫁什么样的人，江角毫不退避径言要找一位好像岩井教练的人来下嫁，三人结果大笑尽兴。我想指出织田生活在信奉强人哲学的日本社会，以及江角游离于青春的不伦恋边缘，其实皆可以一笔抹去，而这正是大部分华裔明星处理往事的固有做法。但一旦可以扩阔胸襟，明星其实可以有更多的回旋空间，而万花筒背后理应有千变百化的可能。（2008）

映象旅人

4.1
女性神话的破灭
——《百年物语》的有心无力

时维2000年。经过了数年来的酝酿，加上日本本土的不景气，令他们的影视界明白到海外市场的经济潜力，终于一改过去的嚣张嘴脸，把手上作品的版权陆续放手。由是出现了近来无线、亚视和有线三方的日剧抢购角力战，连不少新作也被宣布成了囊中物。亚视甚至连TBS今年的世纪全力催谷之作《百年物语》手到拿来，只是我不得不说：日剧这一波风潮委实已到了强弩之末的阶段，《百年物语》或许正是一上佳的说明例证。

"百年"的三小时剧场

《百年物语》以松岛菜菜子一人分饰三角的意念,以她扮演由大正时期到平成年间为时百年的三个不同女性,透过她们来自同一血缘的联系,来企图带出日本女性的成长命运云云。

原则上如此庞大的企画,应该是一"大河剧"(长篇史诗剧)的题旨。但TBS以高度浓缩的手法,起用三名编剧(桥田寿贺子、山元清多和游川和彦)来各自编写一小时的一集单元,组成一全长三小时的戏剧特辑;再于今年8月28至30日,一口气于三个连续的晚上播放,来完成电视台心目中的"百年物语"。

用三小时来演绎百年的故事,我想此一史诗式的构思,不得不沦为肥皂剧(melodrama)的呈现模式。其中纪录片段的穿插(第二集中二次大战的片段),乃至时代背景的刻意强调(第一集强调大正时期的通奸罪及和堕胎罪,改变了女主角户仓彩的一生命运),都不期然沦为装饰性的功能。但这仍不是最重要的,反正是整个以女性命运转变作日剧成长开花的隐喻取向,更令人看得倒足胃口。

女性力量的茁壮

如果说日剧是女性自主独立成长的外一章演绎表现,大抵都不会惹来太多异议。事实上,由主流的爱情剧为首,强调女性争取自主反省的作品可谓多不胜数(且多以爱情的自决独行,以及女性尊严的维系作基调),从而也扣紧日剧主流观众群(也是以女性为主)的心弦起伏。

事实上,不仅题旨上和女性自主关系密切,甚至近年连日剧编剧也成了女性天下。以北川悦史子(《悠长假期》、《最后之恋》、《美丽人生》)为首,一众中坚分子和如青柳佑美子(《最重要的人》、《理想的结婚》和《甜美季节》)、井上由美子(《闪亮人生》)、梅田美香(《水之花道》)、大石静(《Days》和《非洲之夜》)、小松江里子(《青之时代》)、高桥留美(《庶务二课》)、信本敬子(《白线流》)和中园美保(《恋爱中毒》)等均自成一家,从而可证明她们举足轻重的位置。

这正是日剧一度赖以为支柱的成功因素之一,透过她们的自省观点,带出不少新鲜的题旨内容来,尤其是对不伦恋(《甜美季节》)、女性非同性恋的情谊(《幽会》)以及事业与家庭的不同角色冲突自处(《接受挑战》)等时代贴身话题,均因有所突破而一再打动了不少观众的心坎——而且连我这越洋观察者也不能幸免"中毒"。

《百年物语》的自我肯定

以剧集闻名的TBS台，于2000年推出《百年物语》（由1901说到2000年），正好是一自我肯定的尝试。其中松岛菜菜子分别于三段时期：大正到昭和初期（1901年至1929年）、昭和中期（1929年至1964年）及昭和到平成时代（1964年至2000年）里饰演中户仓彩、横山纪子及千代三人，正好透过她们面对不同环境的阻挠，而表白誓不低头的自决心迹。

户仓彩由宁犯堕胎罪，也不愿诞下虚名丈夫横山平吉（山口佑一郎饰）的儿子，到出狱后一改立场，改而与一无所有的平吉远赴满州国再闯天下。彩的女儿纯子明知爱上美军中的广濑和雄（大泽隆夫饰），必难逃分离的命运，但仍怀上了他的孩子。而纯子孙女千代同样没有理会母亲抛弃自己的出走，而与陌生男子道次（渡部笃郎饰）出游美国去见母亲最后一面。三者均强调了女性不按牌理出牌的独立一面，而且反映出即使无法改变客观环境的变化，仍会自强不息地维持尊严存活下去。

其中也正好是TBS台多年来一直不理会外界批评，坚持日剧多元路线的平行呼应。事实上，TBS和富士电视台一向在日剧及综艺节目上各领风骚，但踏入1990年代后，富士自从凭监制大多亮一手带动"潮流剧"（Trendy Drama）的"日9"（周一晚上九时）风潮后，TBS的日剧台柱地位一直备受挑战动摇。而TBS坚持到如今，仍不愿放弃以成熟观众口味为中心的剧集时段，正好是一自我策鞭的肯定期许，当中也正好有不少是以女性生活内容为题材内容的。

映象旅人

回到起点的讽刺

　　只是这一种暗地里颂德式的肯定,其实正好反讽地突出了对"成功"因素的荒谬理解。《百年物语》三位女性不约而同以回归家庭作终极取向(彩宁取落难的丈夫而放弃情人、纯子一直以家庭和谐为重,而千代则最终明白到和母亲和解的重要性),均呈现了单一的思路方向。假若如是,那么这一百年的日本女性可真的枉过了!而唯一的不同竟沦为背景的更替而已,委实是令人气愤的看法。

　　事实上,TBS台的成功正好在于不愿甘守成规,而至在不同类型剧种中去进行探索:过去《智子与知子》(1997)的女性情谊、《青鸟》(1997)的离经叛道、《协奏曲》(1996)的三人行组曲、《跟我说爱我》(1995)的女性尊严探索,在在均反映出监制于背后的开阔视野及勇气决心。

　　不宜妄自菲薄——是我对《百年物语》的衷心看法。(2001)

4.2
日常生活的直视
——《她们的时代》的人生烦恼

坦白说，近年来的日剧水平的确呈回落迹象，令人看起来也仿佛失去了劲头，幸好总有沧海遗珠。1999年夏季囊括了电视金像奖最佳作品及最佳女主角的《她们的时代》（女主角由深津绘里夺得），委实令我看得不能止息。《她们的时代》的编剧是冈田惠和，也就是《沙滩小子》及《青春无悔》的编剧，他的作品一向对友情有深刻的描述（而且常带有同性恋的潜文本内涵）；而且一旦经营现实剧种（和《沙滩小子》式的梦幻背景式处理截然不同），往往会别有一份沉重的气息，今次的《她们的时代》正是走这一条路线。

肥皂不起来的现实压力

我们欣赏日剧的其中一大因素，是他们一向不回避现实的情景，时刻和观众共同面对种种困局，令到观众得到共鸣，更悠然产生一份受尊重的感觉。是的，港剧的积弱和一直在类型剧种（由处境喜剧到警匪剧等）中打滚，坚持以不切实际的包装示人，以侮辱观众的智慧来沾沾自喜有密切关系。《她们的时代》的主线集中在描写不同平凡人物的日常困扰，由于女性于公司中力求上进以冀与男性看齐，到平凡的OL开始迷失了自己的存在意义，都不厌其烦一一直视面对。

该剧更借用了源自《跳跃大搜查线》（1990年代富士电视台的镇台之宝，电影版打破了日本历年来非动画电影的票房纪录）的口头禅，加以改头换面来重注生命力。《跳跃大搜查线》中织田裕二饰演的青岛刑警有一金句：“案件无分大小，重要性同一。”《她们的时代》中的深美（深津绘里饰演）及千津（水野美纪饰演）则演化为“烦恼无分大小，同样重要。”（两位演员也同样是《跳跃大搜查线》中的骨干人物）易地而处的对白，把日本人的日常烦恼一语道破，正如深美于独白中的咏叹：日常生活尽管无聊，但又不至于完全没趣；如果偏向一个极端，反而易于作取舍。但是于此半死不活的状态中，教人不知道自己要何去何从（大意）。

价值转向的迷失

正如千石保于《“认真”的崩溃——新日本人论》（中译本，商务印书馆，1999；原作为1991年版）中分析，踏入1990年代后，日本人面对家长权威的丧失，以及道德规范再不起作用的转变，很容易在个人与社会的交接中失去平衡，陷入一种相对主义的困局里。力求向上的次子（中山忍饰演）和相濡以沫的千津与深美，其实也各有执持的价值追求（前者的事业相对于后者的友情），但在不断涌现日常变局所带来的压力中（男友自暴自弃、卷入不伦之恋，又或是女性年龄日长的社会压力），三人同样在新旧价值观的更替中迷失了方向。

深美一直鼓励次子与仅于电话中互诉心事的“情人”见面沟通，即使明知对方为有妇之夫，仍对次子表示支持，某种程度体现了“新女性”对自由恋爱的积极追求态度。但当她发现对方原来是自己的姐夫启介（椎名桔平饰演），则立即方寸大乱，在亲情及友情、在自由与责任之间无所适从。冈田惠和正好不断营造类似由新旧价值观交缠而制造出来

的冲突，来置于这群平凡到不可再平凡的日本年轻女性身上，到头来其实透露出她们一直无法找得答案。在迷茫中也不能具体地为他人提供到任何协助，唯一可以做到的便是共同经历涌现的烦恼，由是成就了日常人的美好友情颂歌。

抬不起头的男人

虽然剧名为《她们的时代》，但其实更正面直击时代氛围的，在于启介的支线身上。自从日本进入泡沫经济的阶段后，电视剧如《新闻女郎》及《邂逅》均曾正面刻画公司倒闭又或是扬弃了终身聘用制后，对员工的心理及生理现实打击。

《她们的时代》于这方面的刻画更加深入仔细，启介原属精英分子，后却被外调到地区上的房地产子公司作经纪。一方面他既不能适应完全抛弃自尊的推销方式，但同时又因有家室而未敢放弃。直到部长在提出辞退他的期限后，他才凭娘家的人事关系，做成了第一宗买卖来保留饭碗。后来他终于有幸调回总公司，岂料被编派至一"人间开发所"——其实只是一个狭小房间，内里只有椅桌各一，供人面壁度过上班的九小时。原来它是公司

用来逼令员工辞职的必杀技，所有人都捱不过这个炼狱的煎熬；在反思个人的存在价值之时，最后也往往以离职告终。

　　在启介由上而下的人生路途中，更重要的为并非他做错了什么。过去日本企业所高扬的拚搏及团体精神，启介均全盘接收且身体力行。但现实证明即若如是，也不能确保自己的工作职位，甚至连个人的尊严也一并被击溃扫地。

　　启介例子正好映出他们一代人，乃于经济蓬勃的社会气氛中，被延揽进一流企业中工作。但随着不景气的出现，公司必须要重整人手，启介只是其中运气不好的人，但却代表了那一代人未曾受过挫败的潜在隐忧。启介的烦恼，相信也是成千上万日本上班族的写照。冈田惠和捕捉了这个时代处境，加以细腻的刻画，更巧妙地利用岳丈与女婿一场钓鱼戏来为启介解除心魔，一石二鸟地又呼应了自己以同性作为友情基调，相互扶持的创作世界观，四两拨千斤的功力委实教人目定口呆。尤其是在那一场钓鱼戏中，其实岳父并没有出言安慰，只轻描淡写地问了启介一句年龄，再吐出一言说现在才开始钓鱼也未为晚也，结果已足以令到启介泪流披面。一种难以言传同性默契抚慰，正好于这些微妙的场面处理中表露无遗。（2001）

4.3

回归1990年代
日本电视文化之一
—— 由新闻到日剧

面对二十一世纪的即将来临，看来也是时候去回顾一下日本电视文化，
在1990年代所走过的路 。

新闻新世纪

其中一个重要的方向,可谓力求以多角度去捕捉社会动向,希望不同形式的节目均可传递到社会动向气息给观众。第一个战略阵地自然在于新闻节目上,自朝日于1985年开始了*News Station*后,利用久米宏的个人风格,去月旦新闻事件,以综艺化节目的包装手法去制作新闻节目,成功杀出一条血路后,引起了情报节目定位的反思热潮。虽然大家不至于一窝蜂倒向同一方向发展,但却奠定了用多角度的手法包装新闻的基础。1995年的沙林毒气事件成为角力场的焦点。各台利用黄金时间制作各式特辑,可谓把沙林事件的可资利用的一切材料悉数掏空,而TBS访问奥姆真理教律师阪本的一招,更加引起舆论争拗应否给加害者一方作公开掩饰辩解机会的伦理议争。

当然除了节目制作上的竞争外,电视台的争逐也是白热化。1989年NHK开始卫星放送,而新一间民营卫星放送电视台WOWOW也于1991年正式启动。至于1996年开始,又卷起CS Digital放送的热潮,"Direct TV"及"Sky Perfect TV!"都加入战团。目前加入这些网络中的观众人数已到达到150万,看来在下一个世纪势将成为一股强劲的影响力量。

而对时代的直接捕捉要求,也催化了一股"纪录化"的节目制作倾向。1990年代最成功的演艺节目,正是纪录片化的演艺节目,而1992年开始日本电视台的《电波少年》正是当中的佼佼者。事实上,大部分的其他演艺节目,往后都有吸纳这元素,即若SMAP的*SMAP x SMAP*及Tokio的《The!铁腕!Dash!!》等也不例外,时常以现场直播式的纪录化制作来设计噱头,成为一时的必杀手段 。

由此引申,也出现了另一些伦理上的问题,例如富士1998年开拍的《相爱的两人、分离的两人》, 以纪录化的手法介入别人的私生活中,惹起社会中对大家是否应该"窥伺别人的不幸"产生广泛的讨论。姑勿论结果如何,节目成功地取得超过20%的收视率,大赢家自然仍是电视台本身。

简单来说,1990年代的捕捉时代脉搏要求,催化了不少具新鲜想法的节目出现,大家对多角度及寻找真相的热衷,令电视台文化出现了不同文化的层面。

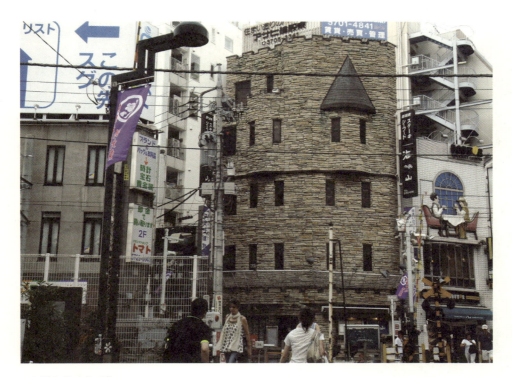

日剧大决战

　　1990年代的日剧战，可谓精彩百出，也可说千头万绪，不知应从何说起。首先，1990年代的最重要变革，自然是潮流剧的崛兴。TBS台的副部长贵岛诚一郎也明言，"戏剧同样以'情报性'为己任，而这正是潮流剧的特征，富士的三大王牌剧：1988年的《请抱紧我！》、1991年的《东京爱情故事》及1996年的《悠长假期》，可谓是他们的高峰之作 。

　　其中以柴门文原作改编而成的《东京爱情故事》，成功打开下一层（20~34岁的女性）的观众人口，令日剧成为时兴潮流的话题，而最高的收视率也一度去到了32.3%。

　　《请抱紧我！》的监制山田良明认为潮流剧的兴起，有其时代背景。"1988年开始已是泡沫经济的阴影时代，社会上的男女关系已非一对一对的考虑，时代女性等待的是爱情、友情、工作及玩乐结合的人生，而我们的工作正是在戏剧中为她们实现梦想。"有了强大的支持基础，于是潮流剧的洪流便一发不可收。

监制年代及编剧世纪

　　TBS的制作局次长八木康夫更提出了1990年代为"监制年代"的看法。"在监制年代确立之前，戏剧是'作品'。但踏入1990年代后，戏剧由监制全权操控，以致沦为一种'商品'，始作俑者可以说是富士的山田良明。"

　　"目标为高收视率，令赞助商高兴 ；或为质高的商品，成为正宗的'监制年代'。"

　　但这种分析可谓有其所见及不见的地方。一方面八木康夫的确说出了事实的真相，但同时在"监制年代"下，其实不一定与"编剧年代"有所矛盾冲突，八木康夫假设了"商品化"了 的日剧，一定会丧失了编剧主导的色彩，但实情为要制作出更出色的"商品"，更加需要有出色的编剧支持。所以监制与编剧之间的关系，并非剥削或压制，而是密切的友好工作伙伴。

　　事实上，1990年代中期的一系列剧本比赛，正好制造了一批批编剧明星出来。野岛伸司、水桥文美江都是从富士的"Young剧本大奖"中夺奖而出身，联同北川悦史子及三谷幸喜等人，携手成为新一代的编剧中流砥柱，而且也登上了明星地位，风头一时无俩。而每次的电视金像奖颁奖礼中， 编剧一定在全体得奖合照的正中央，可见他们备受注目的角色地位 。

富士与TBS台的死战

　　严格来说，1990年代的日剧以富士及TBS两台的竞争至为剧烈。

　　贵岛诚一郎也承认1990年代富士处于革新时代，而TBS只是一个"配角"角色。事实上，七十及1980年代中，TBS一向以戏剧的形象深入民心，电视界有所谓

"Drama的 TBS"的称谓。但贵岛认为背负这个包袱，令TBS在1990年代的路走得十分吃力，"台中对不变必死，或不变才是正道两种看法均存在，大家可谓一直在反复争论中。"而他承认1990年代，TBS可谓彻底败于富士的潮流剧手上 。

相对而言，富士的王牌监制，目前为制作部部长的大多亮认为当年催生出潮流剧，主要因为身边的人都在说，电视台上的戏剧和时代无关，不能够在日常生活的喜怒哀乐拉上关系。正因如此，他才认真地去思考如何把"时代感"融入作品中 。

"富士的王牌一向是爱情剧，我在想所谓的'时代感'，并非要把什么新闻事件加进作品中，而是如何在作品中捕捉到时代潮流气息（即使爱情剧也可以达到这个要求），于是便出现了潮流剧。"

"但与此同时，去到1990年代中后期，潮流剧也成为了我们的更新枷锁。某种程度上潮流剧已建立了程式的方向，所以前瞻的方向是如何去从潮流剧解放自己出来再创新路。"

附表			
1990年代的高收视连续剧			
1.	富士《恋爱世纪》	（月9）	30.8%
2.	富士《悠长假期》	（月9）	29.6%
4.	富士《G.T.O》	（火10）	28.4%
5.	富士《同一屋檐下》	（日9）	28.2%
7.	富士《同一屋檐下2》	（日9）	27%
7.	富士《爱情白皮书》	（月9）	27%
10.	富士《古畑任三郎》	（水9）	25.4%

十大之中，富士占其七；而潮流剧的主打时段月9，占了五出作品。数字上已说明了1990年代日剧狂战的优胜劣败。（2001）

映象旅人

4.4

回归1990年代日本电视文化之二
——CM狂战记

在芸芸与电视息息相关的影像中，CM(Commercial Message，电视广播广告)是1990年代日本电视文化中，发展得最吃力的一环。首要原因自然与经济条件有关，自1990年代初出现泡沫经济的影响后，作为负起业界向消费者传达信息的CM，投入的资源自然也直接受到不景气的负面打击。过去曾经成功的CM策略，开始在新环境中一筹莫展，令到业界内的人士一致叫苦连天 。

　　广告Copywriter(文案)兼广告评论家望田市郎一针见血地指出："以前的CM年代以领导潮流见称，现在已沦为潮流下的追逐者。"他认为随着现实环境日益复杂多变，令到创作人难以追随到时代脉络的节奏，令出色的CM日益买少见少。

　　正由于现实的情况并不乐观，于是日本的CM创作于1990年代中可谓处于中衰期。过去屡次在国际电视CM大奖中扬威的日本作品，随着踏进不景气的日子后，竟然无一可以脱颖而出获赏。至于业界内也更趋保守，过去由创作人及宣传策画者担任的CM智囊团，现在日益由商店内的贩卖员介入提供实用意见，而大部分公司也倾向走"安全路线"——利用大明星来希望保持吸引力，以不求有功，但求无过的心态应付目前的局面。正如业界内的人都承认，1990年代的日本电视CM，可谓进入了低迷的年代。

　　如果从电视台的声势去画分，富士于1990年代初可谓先拔头筹，"如不快乐，那便不是电视了！"正是当年富士的宣传名句。直到近年日本电视台的后来居上，才令人转移视线，他们强调"日电式"（日本电视台式）的风格，令到富士的大哥大地位受到动摇 。

与此同时，1990年代中较为令人留下深刻印象的电视CM，十居其九离不开以明星挂帅的作品。 如先有麒麟啤酒于1991年拍出"最鲜榨"系列，由绪形拳演出，及后连续五年均一直延续下去。其后同系列的作品，还有役所广司及中山美穗参演。至于中山美穗及高岛政伸的 Lawson CM，也是较有声名的作品之一 。

业界的人士且再提出另一隐忧，随着家庭成员一起看电视的机会日减，于是CM创作人更要仔细地细分 CM的分层化构思。一方面难度增加，但同时收效力又可能不及以前，所以一众CM创作人均叫苦连天，认为工作日益难做。所以现在于CM的业界中，正好出现了目前为创作人"受难的时代"一句流行语，从中可见他们的工作压力 。（2001）

4.5

她来自宝冢
——性别混淆的人生舞台

是的,任何一位对日本文化稍有涉猎的读者,相信对宝冢歌舞团都不会陌生。我们去大阪也往往会顺道往邻近的都市宝冢一看,除了受手冢治虫纪念馆的招徕所吸引外,另一个原因一定是为了一睹宝冢王国的气势。

宝冢的现代诠释

不一定每个人都看过宝冢的舞台演出，但却一定对她们的演绎方法不会陌生。SMAP五子近年于 *Smap X Smap* 中，乐此不疲地以"竹之冢歌舞团"来对宝冢加以戏谑。我曾亲口问宝冢纪念品专卖店的售货员，究竟SMAP此举会否有大不敬之嫌，但意外地他们均表示看得津津有味，而且认为他们也表达得趣味盎然。我回想起来，如果真的有对宝冢不敬之处，大抵在于黑木瞳上"Bistro Smap"的一回上。众所周知，黑本瞳是宝冢歌剧团中的著名"中退"分子，她认为宝冢的军训式锻炼是一种落伍的方法。

宝冢的训练的确以纪律性强见称，正如 Mark Schilling 在 *The Encyclopedia of Japanese Pop Culture* (Weatherhall, Inc., 1997) 中所云：她们训练刻苦，收入偏低，时间又长。即使是明星级分子，也没有时间接额外工作增加收入，她们要不断负责训练"后辈"，以及维持集团内的日常运作。由此看来，宝冢的现代吸引力似乎真的有限。

性别转移的错乱

宝冢的全女性军团，其实可说是歌舞伎世界的另一面相。歌舞伎的传统中，一向以男性反串女角，这方面于西方传统上也不陌生，早期的莎剧也有异曲同工的处理。只不过西方早日已扬弃了此一传统，而歌舞伎则仍保留下来且视之为艺术的精萃。至于宝冢的女子军表演团，明显是以现代西方舞台剧作参考基点，再糅渗入性别错乱的处理手法。事实上，以女性主演所有角色（而且尤以"男役"——Otokoyaku为最受触目的明星），很难避免成为同性恋者的热情投射对象。

事实上，据说当宝冢歌舞团于海外巡回演出（如1994年于伦敦登陆），不少同性恋团体均大力赞赏，仿佛终于见到同道知音一般。尤其是女同性恋者，仿佛单看着台上的假凤虚凰眉目传情，已经真个销魂了云云。

当然，这绝非孤立的现象，日本国民的反应或许没有外国人的直接坦率，但不少拥趸均不讳言宝冢女子军的魅力远胜现实中的男人，"日本的男人十分沉闷，所以女人自然喜欢宝冢。日本的丈夫只顾努力工作，他们没有陪太太的时间，而宝冢成为了太太消磨时间的最佳场所，而且又不会威胁到丈夫的地位。在宝冢，女性可把不敢向冷漠丈夫表露出来的感受，尽情展示出来，而宝冢的演出亦从来不会令他们失望。"（引自Ingrid Sischy于《纽约客》(*New Yorker*) 1992年的报道）

狂迷病理学

　　以上所云，其实已很明显看到宝冢的存在有治疗狂迷心理需要的作用。更有趣的是，原来在宝冢的官方同人志《歌剧》(Kageki)，亦曾把狂迷分成五类：一为高雅型，他们会全心全意照顾所有宝冢成员的需要。二为初鸟型，她们为看演出，会废寝忘餐作好准备，跟随剧团四周出外去欣赏巡回演出。三为诗化型，她们爱沉醉于剧目中的浪漫怀恋想象中。四是保镖型，她们时常组成一团，常于明星身旁出入，加以保护偶象人物。五是模仿型，她们由身体动作到服饰装扮均以明星的模样作蓝本，成为彻头彻尾的Copycat(抄袭者，模仿者)。

　　以上的五种类型，其实均说明了一个事实，即她们于宝冢身上各有不同的心理及生理所需，由是鼓动了全情投入的狂野习性，而且一发不可收。不少宝冢狂迷以忠心见称，由嫩至老不离不弃，正好说明了大家互相依存同心同骨的血肉相连感觉。

性的疑惑

我在宝冢流连的日子，也略曾感受到她们的狂迷魔力。但宝冢发展到今时今日，成为一个家庭乐园式消闲及度假中心（有酒店，有剧院，也有机动游乐场），某种程度已把过分"性化"的特征加以淡化，以迎合一家大小的欢乐形象。

当然"性化"与否，也不过在于不同人的诠释演绎。伊恩·布鲁玛（Ian Buruma）于《面具之后》"Behind the Mask" —On Sexual Demons, Sacred Mothers, Transversttes, Gangsters and Other Japanese Cultural Heroes（中译本，光明日报出版，1989）中，曾认为宝冢一切均以粉红色作主调的设计风格，令人仿如进入了女性的子宫中一样。

事实上，不少外国评论者也视宝冢的表演者与受众之间的关系，为一种女性的性关系。但正如Jennifer Robertson于《宝冢》（Takarazuka, University of California Press, 1998）中指出，那不一定是指肉体上的关系，而是一种女性的情谊表现，甚至可看成为对性的一种捉弄表现。

不少人都曾指出，宝冢歌舞团的出现，其实某种程度上有教育管制的意味。那些舞台后面的工作人员，由导演到编剧均是男性的世界，而最初的设计是认为，让女孩子崇拜宝冢的男角，较追随长发披肩的流行男歌手来得健康及安全。换言之，宝冢的源起某种程度是一种非性化的念头，希望管制少女的情欲，把她们的冲动安置于一个安全的位置。

在性化及非性化的两端摆荡中，我看到的是狂迷自身的修正演绎。换句话说，不理会设计者的原意为何，正如狂迷理论中所揭示的道理。一切均会以自我为中心，去重整彼此的关系。

走在宝冢的街道上

于我而言，一切宝冢的外观建设，乃至演绎风格，都系于把自我异化的手段上。正如宝冢的大红剧目《凡尔赛玫瑰》，一个十八世纪以法国为背景的爱情故事，把男女生死之间的浪漫恋曲哀怨谱出，彻头彻尾是一个异化过程。透过抽空了原来的历史身份包袱，为自己谱入另一角色的血肉，来形成一种对现实的解脱。

因此宝冢外观上的西洋化包装风格，乃至刻意追随少女漫画的"洋风"，以及自成王国般建立神话，一切努力无非为证明它与现实无涉。它自身已是一梦幻的神话国度，一旦和外界交缠，便会沾染了凡间的"俗气"，而失却高贵的特色。

我想天海佑希是一个好例子。过去和宝冢分家的人，要在另一端建立地位，必须要如黑木瞳般狠心画清界线。但天海佑希正因为名气太响亮（她是团里的头号"男役"，所以形象根深蒂固），到她重新跳出来投入娱乐圈再战江湖，我们看见的却是一进退维谷的状态。过去的名气和成败反而是负面的压力，防碍了她重觅新生的发展。

宝冢——于我而言就是一个不容与现实交接的神话之地。（2001）

4.6

《悠长假期》的正典化历程

—— 谁是第一手观众？

是的，时至今日，我们不得不承认《悠长假期》已成为了日剧的"经典"（classics）。台湾目前回放《悠长假期》（其实早阵子香港的无线电视也有同一举动），仍能教人触动心弦，很大程度上便是从"重看"的角度去谈。

对一出经典来说，大部分人都会劈头表示自己在"重看"，以示并不是无知之徒，到今日才得睹经典。但卡尔维诺于《文学机器》（*The Literature Machine*，Vintage,1997）中的"为何阅读经典？"一文说得好：于成熟期才去首次阅读一本伟大的书，会得到出乎意料的快乐，和年轻时的阅读会大有差异。他认为年轻时阅读经典往往会不太有成效，因为阅读者的分神、缺乏耐性乃至缺乏经验都会影响吸引的程度；当到了成熟期（无论首读或重读），我们可以透过自己的阅读训练，以唤醒一些早植于心内的种子，以期有更多的新体验。

我想说的是对大部分人来说，看《悠长假期》的经验，往往和一种年轻的感觉有关。无论那是客观收看时的年龄相应体验，抑或是心情上对内里描述的青春题旨有所触动（谁可以追逐爱情的青春感觉？年龄有限制吗？）；换句话说，我们的确是以"重读"的心情来看《悠长假期》，而且也曾因为过去的触动，而自觉或不自觉协助《悠长假期》进入了一"正典化"（Canonization）的过程。

"正典"研究专家布鲁姆（Harold Bloom）在《批评、正典结构与预言》一文中，曾经提到艺术建制（包括正典编收、学术体制和传统）必然地是"焦虑结构"的一种。这种所提及的"焦虑结构"，自然和他的名作《影响的焦虑》（*The Anxiety of Influence*）一脉相承，而且他正好指出弗洛伊德于西方文化中是一种不可回避的存在事实，成为了对自身的一种限制、压抑或否定，所谓焦虑正是面对被囚禁于一受前人影响所及的堡垒中的心态。

由是观之，《悠长假期》也是囚禁我们的堡垒之一，而且也是我们用来衡量其他日剧的基准尺度，而此乃透过一连串的对照比较来进行。或许可以说，《沙滩小子》对法外成规的追求，其实是《悠长假期》离轨爱情的继承演

　　　　映象旅人

绎，当然更不用说北川悦史子自身于《最后之恋》、《三十拉警报》以及《美丽人生》中的自我继承——尽管她做得愈来愈难看！而且《悠长假期》中对品位的追求（红酒·音乐），以及对自我的执着肯定，几已成为大部分日剧或显或晦的基本内容。

在这种正典化的阅读过程中，我们未能免俗地把自己过去的激情转化成一种理性的语序来肯定过去的青春体验。事实上，其中不能避免美化的成分，又或是不断强化美好印象的回忆（山口智子驱车去接被松隆子拒绝的木村拓哉一场，委实是现代男女友情最美妙的刻画——是的，是一种"肝胆相照"的男女情谊，较爱情来得坚固深刻得多），而把不愉快的片段洗掉（后四集的溃不成军）。在这种自我反省角力的争持中，请容我暂时放下理性分析者的身份，成为《悠长假期》"正典化"帮凶的一分子——因为它的确曾经教我有眼泪在心里流的感觉。
（2001）

4.7

为了生者的死亡

——日剧中的死亡意象

在我们熟悉的当代日剧及电影中，死亡的安排几乎无剧无之，而且功能亦多元纷陈，不一而足。由最典型传统的赚人热泪安排（最明显的近期例子，自当以《美丽人生》为代表；而在《同一屋檐下》中小雪患血癌的设计，也是同一旧路），到置于类型片来达成类型规范的要求，均不乏例子。

近年拜《午夜凶铃》（港译《七夜怪谈》）所赐揭起的另一股东洋风潮，剧中人接二连三的死亡，都不过是为了满足惊吓观众而起，因之也不会深刻，而由死亡引申出来的鬼魂化身，加上又爱以怨灵的形象出现，更加呼应了日本鬼片的传统。

类型片中的死亡演绎

是的，在鬼怪恐怖片又或是悬疑惊悚片中，死亡的安排往往较为功能化。近期日剧作品《邻居神秘的微笑》又或是《冰的世界》（同为1999年秋季剧），都充分让观众投入认同的幻象，以满足一次安全性冒险的历程。正因为此，我们不会为《邻居神秘的微笑》中的受害女子，泛起任何关切之情，心中只会迷醉在竞争谁是凶手的盘算中，这也是类型研究中早已表明的转移关切点作用。

但即使在类型片中作功能化的应用，死亡的描述往往也是为了投射生者的存在状况而发。以《午夜凶铃》为例，由死亡而带出的怨灵，正好直承自《四谷怪谈》以来的传统，把含冤受屈的人化作一股怨气，而由此积聚魔性力量留在人间，且以一日不解开冤情便誓不罢休作目标。举例为之，如1959年较为著名由三隅研次导演的《四谷怪谈》（自1949至1969年，《四谷怪谈》已有五个电影版本），伊右卫门反复要求阿岩成佛离开，但女鬼一直不理会，直到伊右卫门为她报仇杀了下毒计害死她的人后，才安心往另一世界而去。而《午夜凶铃》的基本逻辑其实大体相同，浅川和龙司的追寻真相过程，也是以解除贞子的怨气郁结为中心，所以当浅川在井底拥抱贞子尸骨，大众便以为解除了魔咒而可以平安无事。《午夜凶铃》在此正好利用了怨灵的传统作引子，而为生者带来一种世界末日式的现代讽喻，以借尸还魂的手法批评现代人的自私冷漠，且提醒他们不顾后果的严重性（浅川以父亲性命来救儿子的结局，可见暗藏的责难）。

冈田惠和的演绎

在日剧的系统中，我认为编剧冈田惠和对死亡的运用，是最深刻的一人。当然例如《神啊，请多给我一点时间》（1998年夏季剧）也是借深田恭子的艾滋绝症，来刺激当红音乐家金城武作出人生的反省，但若要说通盘的流畅掌握及生死逆转的微妙刻画，则冈田惠和一定是不作他想的头号高手。

在《青春无悔》（1994年秋季剧）中，冈田惠和借着萩原圣人、木村拓哉、武田真治、铃木杏树及深津绘里五个年轻人的成长，勾勒出一个充满悲欢离合的苦涩故事。其中由木村拓哉饰演的上田武志，因在圣诞夜的当晚，连累了友人守被殴成为植物人，于是因内疚而音讯杳然，离开了一众青梅竹马的好友。守的生死于是便成为了全剧的牵引中心，冈田惠和巧妙地利用他成为植物人的特性，安排数字剧中人于不同时间独自探望守之时，把个人的心底话向植物人倾诉。从中把每个人心底软弱的一面，以及纵使面对好友也无法宣之于口的窘境，充分刻画出来，教人感受到当中的沉重无奈。

更教人吃惊的是，冈田惠和于第五集时，竟然安排守奇迹地苏醒，令在生的五人仿佛突然重获生命力似的，先前的误会及阴郁气氛仿佛瞬间被廓清。岂料不久之后，便写出守即离世，生死之间的微妙转变，既好像和所有人开了一场玩笑（自然包括观众）。同时也教五人明白到从死者传来的生命刺激有多么虚幻，由是应抛开徘徊于死亡边缘的纠缠牵挂，重新正视大家的未来日子。

这种借死亡作为幌子（前段各人的际遇及心情起伏，均扣紧守的病情；用另一角度来说，五人均是为生死未卜的守而活），逼令各人重新反省生死意义的深刻处理（透过守的死亡来激发五人的重生），绝非作为功能化片段的应用所能取代（由是也反映出《美丽人生》及《同一屋檐下》之流作品的肤浅幼稚）。而冈田惠和结束前安排于另一次的圣诞夜中，木村拓哉及萩原圣人再次意外遇袭，且以他们相濡以沫却生死未卜作结，更加透过另一次的死亡安排，带出强烈的人生无奈悲情，重现的铺排之震撼力，令人完全手足无措地透不过气来。

即使是以贩卖夏日青春气息为重心的偶像剧《沙滩小子》（1997年夏季剧），冈田惠和同样可以借真琴（广末凉子饰演）外公于滑浪中意外地离世，来刺激海都（竹野内丰饰演）及广海（反町隆史饰演）两人重新思考将来何去何从，并加以反省，也是他惯以死亡来推动剧情深化的变异演绎例子。

为了生者的死亡，是日本影像文化中的常见元素，而透过生死之间的对照衬托，也更容易令观众透过距离的建立，重省剧中的内容，以带出另一种思考意义。（2001）

4.8
为何港产片
涌现大量的日本明星？
——文化混同与文化利用

近年的港产片，一直爱起用日本演员，如《雷霆战警》中的藤原纪香以及《阿虎》中的常盘贵子（其实她拍港产片始于《星月童话》），而后来者有内山理名（新片与郑伊健及谢霆锋合作）及濑户朝香（新片与黎明合作），可见此举已非个别例子。如果我们不把范围局限于偶象演员身上，则一众性格明星其实早已涉足于香港的不同类型作品中，如动作片中的千叶真一（《风云》）、仲村亨（《G4特工》、《特警新人类》及《东京攻略》），文艺片中的大泽隆夫、桃井薰（《有时跳舞》），更不用说将于王家卫新作中现身的木村拓哉。

如果我们不把这次的日本明星"入侵"风潮，单纯看成为影视界的孤立现象，那么或许我们可从输入日本文化的历史上，看出一些通变的转化历程。

在1990年代的时空中，港、台两地的输入日本文化模式，都是以模仿复制作主导方向。演艺公司的典型策略，乃制作香港版或台湾版的日本化明星（主要以歌星为主），于是一众所谓的小室哲哉的弟子（如Grace Yip和Ring），正是在日本势力亚洲化下的特定时空产物。这种策略其实有一定的商业考虑，正如 Leo Ching 在《太阳帝国中的想象——日本大众文化在亚洲》（收于 *Contemporary Japan and Popular Culture*，University of Hawai'i Press，1996）指出这类制造偶象歌手的演艺公司，一般来说都属中、小型的规模，不可能承受太大的风险，于是模仿及借用日本已有成功了的文化形象，是一风险较低的开发市场策略。

但回到港产片的脉络，我们看到的例子为日本明星努力去融入港产片的模式中，而非调整港产片的制作模式去"适应"这批外劳（其中最著名的例子是木村拓哉不断对日本传媒抱怨吃不消王家卫的导演手法）。表面上的原因自然是在过去长期的日子里，港产片无疑较日本片（所谓的"邦画"）有更大的市场叫座力，在成败论英雄的资本主义逻辑中，日本明星的"空降"香港其实是一由弱势投靠强势的转向。事实上，部分日本明星也不避嫌道出和香港导演合作的商业计算（藤原纪香之凭唐季礼以求进军好莱坞，而木村拓哉也须靠王家卫之力去争取影展中称帝的机会），成为了一双赢的处境局面。

不过若然从较广阔的文化分析层面着眼，由倒模复制到隐身融合（大家可有留意常盘贵子的粤语已经越来越像样了），其实已不能用传统国族定位的文化入侵看待来定性。是的，今时今日的文化传递过程仍有强弱的流向之分，只不过背后依据的已非描象的文化国族身份，而是有形具体的无疆界经济支配逻辑。换句话说，由于国际间的经济整合及互赖倾向日益激化，所以凭地理国际区分的文化主导模式论述已经不合时宜。

正因如此，所以下一波的亚洲明星风潮，看来应是来自韩国的金喜善、韩石圭、崔岷植及全度妍。是的，和意识形态无涉，大家准备迎接韩文的另一波风潮吧！（2001）

4.9
计算之女的欲望人生
——《美丽人生》的北川谎言

是这样的，自*Oven time*开始，我隐约感到日本的金牌编剧北川悦史子已变了另一人似的，和我在《俗物图鉴》（生活书房）中分析她的城市自主女人感性益发愈行愈远。

事实上，过去这一年我一直有看她在 *The Television* 上的专栏，坦白说来那份感性沉溺，以及爱与名人平起平坐式的炫耀，已益发令我看得极不耐烦！最近她的文集更以《变爱之神》的名目出版。你相信吗？一个人的自我可以放大到这个地步，终于在《美丽人生》中给我看到自我背叛的北川谎言面目。

计算之女的构思

日本一向对精于计算、工于心计的城市都会女性有深刻的体会，王牌总艺节目 *SMAP X SMAP* 中，其中一个长期极受欢迎的趣剧环节，便是由中居正广担任的"计算妙子"。"妙子"是中居正广男扮女装后的女儿身名字，"计算"被冠上姓氏是用来嘲讽她对男友（草彅刚饰演）的操控示好，处处均有"计算"的心计在内。"计算妙子"是以日本的OL为原型加以塑造，加上中居正广在动作上的刻意丑化，自然看得人捧腹大笑；当然趣剧得到广泛观众的支持，也证明了这类型的女性数目何其之多，因而令人深感到共鸣。

在日剧的传统上，近年以浅野妙子笔下的理子（《恋爱世纪》中松隆子的角色）及 *Perfect Love* 中的木村佳乃，最能反映出"计算之女"的现实一面。如何在适当时间扮弱者、如何用机心手段操控对方，从而勾紧欲望投射的男性对象，俨然已成了一门学问。而今次北川悦史子竟然纡尊降贵，向一众后学（浅野妙子）借鉴，把她擅长处理弱势族群的经验，和"计算之女"的原型结合，成就出集催泪元素大成的所谓"美丽人生"。

弱势族群的计算伎俩

日剧的编剧中，北川悦更子及野岛伸司均喜欢描述弱势族群，但两人的进路可谓截然不同。前者倾向于取其处境，而关注弱者的微细生活内容，从而成就了一种女性的细腻视角：《跟我说爱我》早为残障体验的首章；《最后之恋》中卖身筹弟弟的医药费，更接近人间惨剧；到今次的《美丽人生》不过集大成而已。相反，野岛伸司的残障心曲一向具社会控诉的层面，深入现实的黑暗面（如《圣者的行进》），刻画上往往令人有承受不来的沉重压迫感觉（《堕落天使》中的不良少女心曲，更加是人生命题的严肃探讨）。

不走社会写实路线，本来只是一个人取向，并无多大问题。但同样的元素，于北川前后期的作品中，却出现极大的质变。《跟我说爱我》及《最后之恋》中的常盘贵子，都是因为察觉到长期以弱势族群自居（通常以感情的受害者的身份出现），终会出现情感上的偏差，因而会破坏了与所爱者的关系，所以常盘贵子于两剧中均两度出走，同样力求自强不息，以摆脱一己局限。

相反，《美丽人生》中的轮椅处境，由日常生活上的不便景况（餐厅的排斥残障人格局和洗手间的不便等），乃至受人的歧视目光，均非对常盘贵子的一种试炼。事实上，这种种的弱势族群处境，均一一成为她操控欲望对象的筹码财产，甚至由家人从旁不断出口相助（兄长先警告木村拓哉要知难而退，而母亲则把预先张扬的死讯先作预告），令到木村拓哉益发逃不出她的十指关！

事实上，和北川过去的剧本大异其趣的地方，是常盘贵子从来没有对自己的性格作出任何反省。我因为不幸、我因为没有惊天动地的爱情、我因为心灵弱小……凡此种种都成为了她利用自己的弱势身份而要求权力的手段。所以她胸无容人之量是正常不过的表现，男友一天不致电便定是不忠，而去偷窥情敌举动更是天生的荒唐笑话——北川悦史子竟然用到因偷窥而跌伤，乃至将"罪名"加在木村拓哉身上，来推动两人的新发展（也逼木村向旧爱告别），可说是不堪至极的下三流构思，坦白说，当北川悦史子沦落至此，和看我们久已扬弃的港剧、台剧，又有何分别呢？

狼虎之女的欲望投射

最令我看得惊心动魄的，是北川悦史子完全放弃了过去两性从谈情说爱中，体会到的互勉互励；即使相互折磨，也希望成就更成熟的人生追求。尽管她一向写男性均不若女性深刻（《跟我说爱我》的丰川悦司及《最后之变》的中居正广），但男女之间的结合仍是有机互动的刺激。

但来到了《美丽人生》，木村拓哉竟然仅沦为一流动的欲望投射工具——美男子、外套、剪刀、电单车，一切都是狼虎之女的欲望投射符号——把浪子锁在家中独享，本质上和一个男性编剧爱把金发美女写成胸大白痴的骗色对象别无二致。在北川的笔下，木村徒具浪子之型，却是矢志不移海枯石烂不为动容逆来顺受的忠贞男子。这一种欲望投射，差点"沉重"得要教人为他立一块贞节牌坊以作表扬。

事实上，《美丽人生》中最后为常盘贵子提供了三个男子选择，一是同是轮椅座上人的建筑设计师旧同学，二是为她劳心劳力的义工，最后才是外型出众潇洒的木村拓哉，北川描述常盘贵子和木村拓哉的交往中，一直把常盘置于上风（两度出走的竟然是坐轮椅的常盘！），而且也持续把木村塑造成她的梦想化身——灰姑娘剪发成人间美女，相识不久已向木村暗示红鞋为心头好，说明了她其实在百分百以自我中心的方向鉴貌取人。

　　如果可以用一段最简约的文字表述，我们或许可看出《美丽人生》的潜台词是如何赤裸裸地为"计算之女"服务：我是轮椅少女，因病随时会离世。死前想有一次浪漫的恋爱冒险经历，男友是潇洒的万人迷白马王子，但要对我死心塌地，其他女性对我均又羡慕又妒忌。我要在最快乐的一刻离世，男友当然在我身旁，其他所有亲人及好友自然也要为我落泪痛哭——这就是我的"美丽人生"。

　　是的，可否容许我借西班牙鬼才导演阿莫多瓦（Pedro Almodovar）的名作片名，作反其意的一用：What have I done to deserve this? 台湾好像译作《我造了什么孽？》套用在《美丽人生》上，或许可为它改一个副题：《她积了什么福？》（2001）

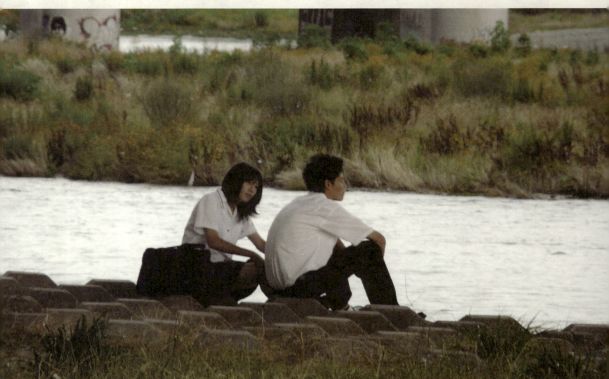

4.10

夏雪纷纷何所以？
——小松江里子的三部曲完结篇

当我在看Summer Snow（中译《夏雪》，TBS，2000）的时候，心里不禁在问：自己是看一出独立的作品，还是一大堆作品的混糅总和？我们一向都知道，日本的影视界一向爱在"病者"的话题上做工夫，最近成为一时收视之巅的《美丽人生》自是最佳的例子。由"病者"的世界，更引申而出发至针对残障者的生活作描述主体，成为一时的收视保证。从社会层面上作解读，日本的确是一致力于推动残障者无障碍生活理念的国家。今年日本旅行业界更展开"残障者无障碍运动"，希望可以让残障者从心所欲去到他想去的地方旅行，这一种对残障者的关心照料心意，委实值得鼓励及欣赏支持。

只是回头说来，于影视媒体上的残障者描述刻画，反倒是一直流于表面或煽情化，以致难以令人留下深刻印象。《美丽人生》及《圣者之行进》可说是两端的代表，前者不断贩卖煽情元素，把残障者的不自由元素化成为攫夺爱情的争取手段，令一切流于表面肤浅。而《圣者之行进》则是走向另一极端，以赤裸裸去处理残障者所受逼害为主旨，来形成社会中正邪的敌我对立，在控诉社会黑暗的前题下，其实同样免不了幼稚及把事情概念化之毛病。

Summer Snow的取向

我知道或许只不过是我自己在吹毛求疵，因为这些肥皂剧在本质上一向有简化现实的倾向，目标在于确立某一种风格而已，借以传递一特定的气氛及一系列固知的态度及标准，而且肥皂剧连贯性地依赖类型电影中累积化作用（cumulative effect），力图把前置作品中的情节、又或是角色安排加以混同融合，来带出文本互涉的效果，也为观众带来熟悉的观影经验，令他们感到安全及愉悦。

Summer Snow在这重意义上，并没有背离所属类型的规范。其中片濑雪（广末凉子饰演）的角色为一患上严重心脏病的女子，她力图去活得如常人，希望可以去"冒险"，成为了一种代"病者"而发的美学宣言。换句话说，是一种把为他人而活（因不断受家人照顾，而不想令家人担心，从而去抑压自己内心的真正欲望）的存在方式，改为为自己而活的改变历程。其中筱田纯（小栗旬饰演）的弱听角色，是作为一平行的存在来加以对照，强化为己而活的呼吁。反之，筱田夏生（堂本刚饰演）则作为反衬的对比，利用他如老头子般的顽固及执意，来融化雪的淡然，来重燃对生命的热情。这是一明显地以"夏"的阳光活力，来溶"雪"的比喻应用。

简化至远离现实

倒是在营构上述提及的组织时，编剧小松江里子采用的为一简易的便利态度，总而言之是把事实简化，而把问题的矛头简化至愈集中愈好。于是我们在电视剧中，不时见到里子二分的定型人物，"黑道"人物为一直打雪主意的医生青儿（中村俊介饰演）以及雪的女同事等，而"白道"人物便是筱田一家人。而弘人（今井翼饰演）便代表了一由"黑"转"白"的自省过程，从而拾回尊严及个人的生存意义云云。

事实上，在日本的当代影像及文字文本中，能够排除煽情处理，来直击残障者生活本貌的作品也比比皆是。北野武的《那年夏天，宁静海》（A Scene at the Sea，1991）中的聋哑男女爱情作品，早已成为一传世经典。而文字传统中的大江健之郎作品，无论是散文

（《康复中的家庭》，1995），抑或是小说（《静静的生活》，1999）均有深入的刻画。由残障者生活上的外在不便，乃至深入的心理葛藤均一一触及，甚至连家人的正、反心理状况也巨细无遗有所旁及，令我们对于残障者世界来得一点也不陌生。

　　现在小松江里子的取向，其实乃借病者的生活哲学作幌子，来带出人与人互相扶持鼓励以存活下去的题旨。由于大方向早已确立，所以任何和题旨不符合的地方均唯有加以省掉又或是轻轻带过。这正是我先前提及作品有浓厚的简化问题倾向，最明显的莫过于以夏生遇上意外，于是可以捐出心脏来救回雪一命作终，立即于瞬间把先前一切的紧张状态加以纾缓，来回归一浪漫化的结局。

三部曲的完结篇

　　当然，从另一角度来看，*Summer Snow* 也是小松江里子个人青春三部曲的完结篇，由《若叶之时》到《青之时代》，再到今次的 *Summer Snow*，俨然已完成了一个青春的成长历程。其中特别是堂本刚作为贯穿三部曲的男主角，今次的夏生明显和以前的 Takeshi（《若叶之时》）及 Ryu（《青之时代》）截然不同，他已经不再是一社会及人际关系恶劣的不良少年，而是一"代父"（Surrogate farther）来监察及辅助身边的弟妹成长。角度的转换上好提供一易地而处的思考空间，所以夏生完全明白剧中另一真正父亲片濑正吾（角野卓造饰演，为片濑雪的父亲）的心情——两人是另一重平行的对照：正吾关心雪和夏生忧心纯的关切，可谓如出一辙。而从小松江里子的构思上，可说她认为年轻人的成长标志之一，是看可否跳出自己的角度，去反思别人的位置而作为重要的基石以出发。

　　这种对成长的弦外之音，也包含于对爱情的诠释上。其实北野武于《那年夏天，宁静海》中，也明言借一双聋哑男女来描绘理想的恋人形象，"现在的青年人为求表现和另一人的恋人关系，不断在他人面前喋喋不休，以求显露两人的关系是如何的如胶似漆，其实十分幼稚。"而在 *Summer Snow* 中小松江里子也利用雪是挑上夏生，而放弃医生青儿，来交代出功利化的实用主义恋爱观乃行不通的；而此亦同时呼应全剧的互相扶持的中心要旨。换言之，不管现实的情况如何，是好是坏也好，互相扶持及互勉已是最大的存活动力。

　　由于 *Summer Snow* 有如此的取舍，所以它的"外观"和"残障者类型"中的其他作品，正好有不少存同存异的地方。它固然无法与《那年夏天，宁静海》般的互作相比，但也不如《美丽人生》或《圣者之行进》般纯以赚人热泪为能事。当然在追寻自己的位置之时，小松江里子的努力其实不脱滥调的色彩，致令作品成绩反不如三部曲的前作《青之时代》。（2001）

4.11
远上深山求一拜
——寻找寺山修司的故乡

探访寺山修司的故乡及其纪念馆，于我而言已成为了每次外游的首要考虑目的地，仿佛不到偶像的故居一睹实地风情，便愧对自己的影迷身份。

不老不死寺山修司

纪念馆位于青森县的三泽市郊,分成为馆内陈设以及馆外的文学碑散步道两部分。馆外松树浓荫满布,即若于盛暑中,入林后也教人凉彻心头;而粟津洁为建馆而立的铜像歌碑,更加远眺景色醉人的小川原湖,可谓集天时地利人和于一身。

歌碑上刻录了寺山修司三首短诗,其一为极妙的情歌:"从今之后,我会与你同成一声,唱出我们失去了的那些日子。"其二则渐趋苦涩:"在荒芜之地种下一颗太阳花的种子,我已把它称作自己的处女地。"最后一首则由个人之情延展至家国之情的困惑:"在火柴擦亮的一刻亮光,我在厚雾中看见了海洋。是否有一国家可让我献上生命?"

三首短诗同样凄凉悲苦,正是寺山修司恒常的低回调子。我想起了寺山修司的另一俳句:"时钟之针向前走成为'时间',向后行则为'回忆'。"我们何尝不是在这两端恒常浪荡?只不过已死的寺山修司从不会成为"回忆",而仍是以现在式的"时间"在我们的体验人流动。

观众的表演

在寺山修司的作品中,观众的反应一向是整体演出的一部分,"天井桟敷"(他和九条今日子等人创立的实验剧团)的表演固然如是;即若如在电影中,也绝不肯放过挑衅观众的机会。《抛掉书本跑上街》的结尾,正好明言:"我们拍成的部分已完结了,往后正想从作为观众的诸君身上取回你们完成的部分。"

山长水远去寻觅寺山修司的踪迹,且执意要回到他的故乡出发,其实不无一次演出的成分(同行的友人又全程录像,看来片段已足够制成一小时的特辑)。但讽刺的是,当我看到馆内寺山修司的引文词组,不能遏止又中了他设计的圈套之感。

馆内引述了寺山修司对"故乡"定义的分析:"故乡并非土地,也非人来,乃一种更加暧昧的形态。即若能够回归土地或家中,但绝不可能回归故乡。和祖国一语相若,即若故乡一语,往往教人唤起怀伤的回响,但要知它的实体,委实乃一可能之举。"

我们来到他的故乡,以为可以感受到寺山修司世界万分之一的气氛。想不到他一早已言明此乃纯属多余之举,愈近的相处不见得就能心灵相通。从寺山修司身上,我学会了对遥远的思念更具信心;地老天荒情不变,我信如是。

恐山大祭

　　寻找寺山修司的痕迹，另一重点地区自然是恐山，因为此乃名作《死在田园》的主场景。恐山是日本的三大灵场之一（与高野山及比叡山齐名），而且它又位于本州岛极北下北半岛的深山中，四周又有硫磺水及气体喷出，令到山上的风景出现诡异的惨淡气氛，是名符其实的"鬼域"。

　　恐山大祭于每年的七月二十至二十四日举行，我们赶及在首两天上山参观盛典。恐山的灵场其实是由慈觉大师所立，他在唐朝到中国求法，于梦中见到圣僧现身，告之要他回国找寻灵山，然后刻好地藏尊以宏扬佛法。慈觉大师几经辛苦，终于在下北半岛找到灵峰——那就是恐山的所在地。

　　恐山以宇曾利湖为中心，旁边被八座山包围（釜卧山、小尽山、大尽山、北国山、屏风山、剑山、地藏山和鷄头山），恰如八块莲叶，构成了一个上佳的灵修之地。于是慈觉大师便就地刻了一地藏尊，地藏的"地"指大地，"藏"乃代表孕育生命的母胎。透过承载被人类践履的痛楚，来传达替人背负地狱重责的慈悲心，成为了恐山的守护神。

　　于大祭期间来到恐山，来重省灵场的存在意义，正好是一合适的契机。事实上，今时今日上恐山已成为我们中国人于清明时节式的祝愿，来祈求为死者寻求得到抚慰安宁，这也是地藏尊精神的一种反照延展。

日式招魂大使

　　恐山大祭的另一特色，是各路日式招魂大师（广府话称作"问米婆"）云集于恐山的菩提寺中，供善男信女寻索死去的亲人上来交谈。日式招魂大师名为"itako"，请死者上阳间的活动名为"口寄"。她们都是盲女，而且大多年纪不轻，看上来颇具说服力。

　　　　　映象旅人

事实上，她们并非本地人，只不过在大祭期间才集中到菩提寺开坛。祭典期间约有十多名itako聚集，她们各有一小摊位，供信众轮候求见。在招魂的时候，她们会摩擦佛珠，口中念念有词如泣如诉说出死人传达的话语。当然各人的水平也有参差，其中一个名为平村的itako，摊位由朝到晚都大排长龙，而她在上身后又哭诉得哀婉动人，委实有一股慑人的压迫力。

对我来说，itako的存在更重要的是把我带回寺山修司的世界中去。寺山修司的《死在田园》中，有大量的itako出场，而且全以单眼及白脸的形象现身，十分吓人。今时今日的itako已不如寺山修司世界般诡异，但也提供了我们去理解寺山风格的一些线索。

《死在田园》与恐山

寺山修司的《死在田园》拍于一九七四年，于我而言是他一生的代表作（详见拙著《感官世界——游于日本映画》，台北万象，1996），内里的主要场景正是恐山。

我其实十分好奇寺山修司当年如何拍成《死在田园》。以他所拍的超现实题材及怪异风格，大抵不太可能得到菩提寺的首肯支持。到现场实地考证后，我更佩服寺山修司能够充分表露出恐山庄严及阴森结合后的神秘地狱感觉。《死在田园》其中有一场为新高惠子在地藏殿中，情挑剧中少年时代的主角自己（高野浩幸饰演），扣人心弦的音乐加上新高惠子的"勾魂情欲交叉脚"，那时委实看得自己换不过气来。今日站在地藏殿前面，大殿的森严和影像的暴烈，恰好构成奇怪的组合，教人陷入深沉的思考中去……

至于化鸟（八千草薰饰演）和岚（原田芳雄饰演）的私奔旅程，和少年时代的自己也是在恐山相逢。而舞女于恐山砂石上的滚动起舞，也仿佛——在眼前重现。在上恐山的首天，山上大雾弥漫，阴冷森寒，真的教人如置身于地狱之中，和寺山修司的影像世界不谋而合。而寺山修司原来正好在恐山中不同的地狱区域（无间地狱、血池地狱、盐屋地狱和重罪地狱等），——展示他的离轨想象。即若到此时此刻仍未见有东洋来者可望其项背。

生来能到此，无言感激。（2001）

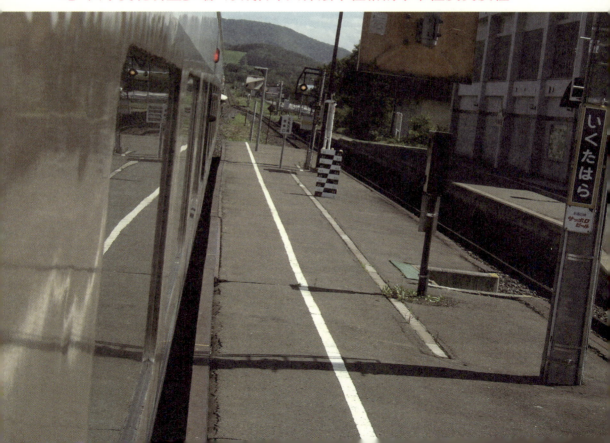

4.12
逃亡奔走的纵断之旅
——《青鸟》的出走精神源头

日本学者和辻哲郎的《风土》(岩波文库,1986)中,已经曾用台风来比喻日本人性格的一面。他的意见为日本人的性格结构中包含了忍耐和突发两种倾向(台风正是后者的表征),因为日本地处寒热交替之地,四季变化明显多端,形成日本人深层中性格的季节性及突发性。

看过《青鸟》(1997) 的观众 (与《恋爱世纪》同季)，很难不受当中丰川悦司前后两次分别与母女 (夏川结衣及山田麻衣子饰演) 的异色出走之旅吸引。以长野县的小镇清澄作出发点，分别北至北海道，以及南至鹿儿岛作了一次绝佳的逃亡之旅，令人看得喘不过气来。

《青鸟》的大逃亡

《青鸟》是讲述丰川悦司饰演的火车月台服务员，遇上由东京嫁来小镇的一双母女夏川结衣及铃木杏 (女童版由她饰演，到长大为少女后则由山田麻衣子饰演)，在相互触电的情况下，三人决定一同向北出走。其后终被夏川的丈夫追及，结果夏川跳崖自尽，而丰川亦因而入狱六年。六年后他回到故乡清澄，再遇上已长大成少女的山田麻衣子，结果经过一番挣扎，终于和她向南出奔，把夏川的骨灰送返婆婆家去。但丰川亦因诱拐少女而再被送下狱，经过数年的刑期后，他终于和真正成年的山田麻衣子成为一双共同生活下去。

作品固然是有禁恋色彩，由母到女，丰川的抉择自然不容易为人接受。但更吸引的为内里的天南地北大逃亡历程，完全呈现出一种不守理序的反叛快感。

由清澄到北海道

丰川的起点为清澄，一个在长野县内的不起眼的小镇，然后北上再去到松元及秋田。然后再凭田泽湖线回到岩手县的小岩井及盛冈，小岩井正是我曾提及的日本心脏农场区，剧集中提到丰川在母亲的农场中作客数天，所呈现出来的正是日本的农场风情。更巧合的，是他母亲提到东京的学生喜欢到来观摩体验，不啻是我当年经历的描述反照。其后他们再跑到青森县的八户市，八户是青森县面向太平洋的重要渔港，一方面既是一向以贫瘠见称的青森中稍为富庶之地，同时也秉承了青森的封闭性格，正如在剧中有一场当地的小朋友，对铃木杏表示由清澄而来一无所知，而且也拒绝和她交朋友，可见到逃亡旅人的孤绝情境。

当他们的行踪再度暴露后，丰川选择由八户市旁的鲛乘船到北海道的函馆，然后再去寻找夏川年少时曾与父母一同到游的湖畔隐居。尽管剧中没有明言湖的名字，但从两人拿着地图研究的样子，我看到所指的应是支笏湖——一个教我难以忘怀的好地方。

支笏湖是一个火山湖，和邻近的洞爷湖可谓大同小异，但风景却有过之而无不及。丰川一家人乘车摸黑去到当地找旅馆的情景，同样令我印象深刻。事实上，我也曾盲打误撞去到支笏湖后，才慌忙四出找旅馆栖身，在这些人迹罕至的湖边，险些沦落到无处容身。

台风性格的演绎

　　事实上，丰川悦司在出场后一直温文寡言，看起来绝对不敢作出如此大胆的私奔逃亡历程，但其实在日本学者和辻哲郎的《风土》中，已经曾用台风来比喻日本人性格的一面。他的意见为日本人的性格结构中包含了忍耐和突发两种倾向（台风正是后者的表征），因为日本地处寒热交替之地，四季变化明显多端，形成日本人深层中性格的季节性及突发性，于是日本人既热烈又沉静，能忍从却又敢反抗，都是矛盾的辩证组合。

　　把这种"台风"性格放回丰川悦司身上来看，正好得到完美的说明，他先后两次在月台上作出反常的举动（第一次仍身穿制服的他，忽然突发地抱起铃木杏冲上火车开始私奔逃亡，第二次他已在目的地下关下车，却一念之转再跑回车上与山田麻衣子继续往鹿儿岛的旅程），同样出人意表教人始料不及。在一走了之的背后，正好反映出这种难以捉摸的深层日本人心性。

　　文艺一点来说，这正好是温柔与暴烈的微妙结合。如果没有这种元素，大抵也难以在私奔的旅程中且战且走，营造出一种现实化的逃亡快感，而非好莱坞式的完全虚幻演绎。
（2001）

映象旅人

4.13
北海道的影像之旅

说起港人对北海道的钟情，多少也与岩井俊二的《情书》（1995）拉上关系，一出低成本的制作在香港长放长有，而且正好谱写出所有追求浪漫的女性心曲。一切又如村上春树的小说，仅止于淡淡的哀愁，错过了初恋固然教人遗憾，但回想起来似乎甜蜜蜜的思忆较一切都来得刻骨铭心。

由于《情书》，港人才把小樽的名字存于脑海中。中山美穗骑着单车在小樽市中穿插，以及充分利用空间地域上的斜坡来发挥那种过期的少女风情，委实看得人心有所感。事实上，北海道的斜坡特多，正是历来日本电影爱以此为场景的主因之一，无论是函馆还是小樽，都属满布坡路的地势，用来拍单车戏份正是最佳选择（单车和斜坡确实是最佳拍档，岩井俊二后来的《四月物语》继续乐此不疲起用松隆子来接续斜坡单车女的物语，而香港的黎妙雪同样于《恋之风景》中找林嘉欣来满足我们港版斜坡单车女之欲望）。

　　当然小樽于影像上留名，绝不止于斜坡一式。大林宣彦的《遥，乡愁曲》（1992）正是另一出以小樽为实景场地拍成的电影。大林宣彦一向擅长年轻人的纯爱物语，过去一直以"尾道三部曲"而闻名，今次却首趟把场景移至北海道拍摄。故事讲述一名人气作家真介（胜野洋饰），因高中时期的友人突然过身，于是回故乡小樽一走，刚巧认识了自己小说的热心拥趸阿遥（西田光饰），两人因而才展开另一段情缘。其中大量捕捉小樽的地景入菲林，如著名的小樽运河，甚至当地人印象什深的"海猫屋"咖啡厅也一概不放过——那是位于运河旁的建筑物，早于1906年已建成，三阶建筑加上俯瞰小樽市中心的位置，配合长年积累下来的文化气息（作家小林多喜二的小说《不在地主》亦以此为构想蓝本），当然成为一具备观光导览功能的纯爱电影。

　　不过小樽最终对我辈死硬派日本影迷来说，最诱人的仍是位于市内海傍的石原裕次郎纪念馆。石原裕次郎是日本六十年代最炙手可热的青春偶像，所有银幕上的反叛形象都由他包揽，他与弟弟石原慎太郎可谓属于当年的文化超新星。后者是著名的小说家，小说《太阳的季节》成为当年的超畅销书，而且拍成电影更由弟弟主演，成为一时佳话，也牵引出"太阳族映画"（以拍年轻人的反叛生活为重心）的风潮来。现实中的石原裕次郎是一花花公子式人物,绯闻不绝,而且手下照顾一大帮兄弟,名副其实是一名"大哥",所以在纪念馆中也大量展出他的奢华岁月明证,由他爱穿爱用的名牌用品到滑水及玩柔道的生活,均一一以影像呈现出来。我当年参观时最深刻的印象是他真的有一股令人着迷的疯劲,馆内竟然把当年名作《黑部的太阳》(1968)的外景,按比例重建且置于馆内,委实教人大为震惊。因为《黑部的太阳》是当年日本的超卖座作,石原裕次郎当年为拍此片,与所有电影公司闹翻,而且拍摄过程也牺牲了一些员工,实在是有血有肉的大型制作。今日回望,更加勾起了电影令人疯狂的那些诱人日子。

　　当然要说北海道的日本影像,不可不提的还有两名重要人物,一是导演降旗康男,另一是男明星高仓健。事实上,不少以北海道为背景的电影,其实正是出自两人的合作。近年最著名的首推由高仓健及广末凉子饰演父女的《铁道员》(1999),其中以幌舞站作为背景,刻画一个位居僻壤的火车站站长的人生叹喟。而现实中并无幌舞一站,而是以位于南富良野的根室本在线的几寅站为蓝本,从而构想出幌舞站来。今时今日几寅站已一片成名,不少日本人均慕名而来为了在《铁道员》的场景拍一张照片,而远道来此穷乡僻壤,电影的旅游宣传委实不容轻视。事实上,高仓健又确实是北海道之子(日本人称之为"道产子"),他在增毛旁的渔港雄冬出生(后来也曾与降旗康男于1981年回到增毛拍成《车站》一片),有地道的一种阳刚及雄浑气概。而另一出可以把场景化腐朽为神奇的作品,也是由他主演而由山田洋次执导的催泪作《幸福的黄手帕》(1977)。电影以石胜线的夕张站为外景场地,讲述曾入狱的勇作(高仓健饰)出册后,一直忧心六年的刑期会令妻子光枝(倍赏千惠子饰)舍己而去,结果一切便以黄色手绢为标志,以暗示妻子究竟是否仍愿意开门等待丈夫回来团聚。今时今日夕张原来的炭坑工业早已荒废,剩下来反而有一幢名为"回忆之家——幸福的黄手帕"的小屋,供影迷千里迢迢来寻找影像中的人情美梦。影像较人长寿,恰好不由得你不信。(2006)

4.14
本木雅弘的温柔与暴烈

本木雅弘不算是一固定长期的日剧演员，他的工作涉及舞台剧与电影，可谓多才多艺。先前他曾花了不少时间去拍古装片《德川庆喜》，可惜我们无缘一睹。反而透过近来曾公演的电影《双生儿》及去年底的日剧《邻人神秘的偷笑》（1999年秋季剧，和《冰的世界》同季），令我们得以正视他的狂气爆发力。

连环杀手类型

作为一个猜度"谁是连环杀手"式的悬疑剧，《邻人神秘的偷笑》可谓承接了自《沉睡森林》以来的悬疑剧风气而大造文章。事实上，同季的《冰的世界》固然是野泽尚的牛刀小试再现之举，即如《恋爱欺诈线》也刻意故弄玄虚以求观众坐立不安。剧本上的平平无奇，更加可见本木雅弘的投入努力。在剧中他饰演高木刑警，以正邪合一的形象出现。一方面他诚心诚意为保护心上人奈绪子（一位有夫之妇）而付上全力，而且尽见温柔细腻的一面；但同时又因自己的狂气投入而不断去伤害他人，甚至去到不择手段的地步，其中袴田吉彦，和神田宇野均因而成为他的操控傀儡，甚至失去了性命。

《恋之奇迹》变奏曲

从另一个角度看，《邻人神秘的偷笑》也是朝日电视台1999年春季剧《恋之奇迹》的变奏翻版。菅野美穗于《恋之奇迹》中饰演的雪乃到了寄养家庭后，努力夺去肥胖不堪的妙子（叶月里绪菜饰）的幸福，而终以成功地鸠占鹊巢告终。而本木雅弘在《邻人神秘的偷笑》中也相若，力图拆散邦彦和奈绪子的美好家庭，以求成为新的一家之主。其中的嫉妒，桀傲，对爱情的执着，均同样反映出现代人的心灵困惑；只不过由一个原来的女装版，化身为由本木雅弘担正的男装版而已。

温柔与暴烈

在两出有内在血脉关连的作品中（《恋之奇迹》及《邻人神秘的偷笑》），主角菅野美穗及本木雅弘同样有亦正亦邪，教人捉摸不定的诡异演出。如果我们一并把《双生儿》中的角色加以并看，本木雅弘饰演的一对性格大异的离散兄弟，正好是另一次冷淡与狂气的组合，且透过由两人的二元性格对立，发展成为一体两面的矛盾结合（本来冷若冰霜的一人，也愿意入贫民窟去济世救人了），成为了本木雅弘两极归一的演绎示范作。

《邻人神秘的偷笑》甚至出现菅野美穗和本木雅弘之间的演技对决——前者竟然出任后者于剧中的妻子！两人在性格分裂的多重人格组合角色中，互相角力，在温柔与暴烈的纠缠中来一场暗地里的演技较劲，平心而论，我认为菅野美穗目前的水平更胜一筹，因为本木雅弘仍囿于方法演技的表演体系形式，出色得来仍有迹可寻；但菅野美穗已去到从心所欲的阶段，教人有手足无措，应接不来的惊异感觉。

本木雅弘的例子也正好说明：日剧的其中一个魅力，是演员有能力为不济的剧本注入起生回气的动力，反观港剧则……。（2001）

4.15
日剧医疗剧种的强风

一般大众对日剧潮流的认知，不少仍停留在日剧以"潮流剧"为主导的印象中，实情是由于所有以年轻一代为中心的日剧，都离不开潮流的玩意，所以再强调"潮流剧"的名目根本没有意思。事实上，自1990年代中后期开始，"仕事剧"（即以某种职业的特定背景而发展出来的剧集）才是潮流正色，仅从木村拓哉曾饰演的检察官（《Hero》）及飞机师（《Good Luck!!》）便可见一斑。

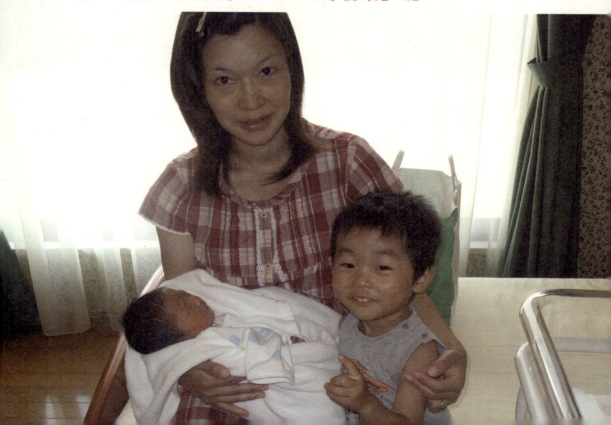

　　但能够长期保持"仕事剧"的特别职业背景趣味，甚至长拍长有的　，或许只有医疗剧可维系到吸引力。在今年播出的日剧中，富士电视台有《孤岛医生诊疗所》，而日本电视台亦有《幸福的王子》（由渡部笃郎饰演医生），同样人气甚盛，从未止息。

　　若然回头审视，医疗剧能够长处高峰，很大程度在于它能切合到日剧观众的需要。首先，医疗剧必定有大量的煽情位置，供观众可滂沱洒泪，由于面临绝症是理所当然的事，无论是病情又或是医生处危疾的状态，都一定可以助长收视率，这方面的名作自然有TBS电视台的《白影》及《怪医黑杰克》。

　　其次是因为医院可作为社会缩影，供编剧发挥对日本官僚僵化制度的不满从而带出理想与现实之间的矛盾，当年的《白色巨塔》及刚才提及的《孤岛医生诊疗所》都是个中的代表作。其中更重要但又更微妙的原因，其实和剧本的优劣无大关系，反而与日本的社会情况息息相关。

近十年来日本人对健康的追求，已去到几近病态的地步，加上过劳死的频生，更加速了全民的频生，更加速了全保健意识的强化。于是透过医疗剧去认识医学知识，不啻是一寓求知于娱乐中的享受，所以富士电视台的《法医物语》（或译《闪亮人生》）正好以女法医的世界来吸引观众。

而读卖电视台的《心脏内科医生凉子》及日本电视台的《心理医生》，同样分别以不同工种的医生作卖点，但背后带出来的不同专业知识，却是更诱人收看的信息情报站。

另一更诱人的动力，自然乃承接《ER》而来的流畅及速度感，而这也是一众亚洲地区出现翻拍《ER》风潮的出发点所在。日本版的《ER》自然为富士电视台由江口洋介主演的《救命病栋24时》。

当然还有少不得把医疗剧喜剧化处理的作品，如甚至已拍成电影的富士电视台之《护士之工作》（观月亚里莎已成招牌），又或是读卖电视台的《晚间诊所》及讲述男护士世界的《男护士》等。

由于有以上的各种剧目的变奏，于是令到医疗剧在日剧"仕事剧"的系统中，得以屹立不倒，处于长期领导位置上。（2003）

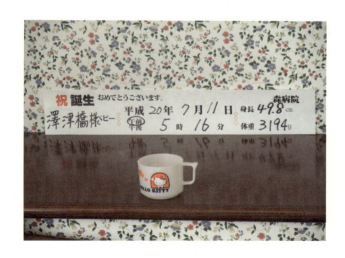

纸醉情迷

5.1

《地下铁事件》的另一种说法

村上春树在《地下铁事件》的后记《没有指标的恶梦》中,对采访的构思以至文体,均有深入反省及说明。当提到每个人的记忆,均多多少少被故事化的时候,村上春树明显对这一点有确切体会。作为一名小说家,去进行这次报道文学式的创作,他已强调自己没有去作出查核被访者内容真伪的工作。换言之,他从来没有把自己视为一名新闻记者去重审沙林毒气事件的端倪(因为查正核实为新闻记者的基本责任),所做的仅为订正一些基本事实的谬误罢了。

解放小说家的权力

　　这种态度有别具含义的重要性。综观全书，村上春树面对六十二位受访者时，均弥漫着一种浓厚的无力感。尤其是面对几近成为植物人的明石志律子及一直照顾她的哥哥明石达夫，那种无能为力的感觉更满溢言表。尤其是当村上春树打算鼓励一下明石志律子，"结果我反而是被她鼓励了"。背后除了是人生的另一种体验，更加说明了村上春树唯一可以做的，便是把作为小说家说故事的权利解放出来，公开给受害人来使用，让他们重塑属于自己的沙林毒气事件。

　　村上春树很清楚自己与这群受害人之间的距离，他们两者之间在在均有明显的对比：作家VS上班族、个人空间VS为公司卖命、出事时在家整理图画VS为生计赶回公司——更重要的是村上春树曾经在访问中，说明本来就很讨厌这些受薪者及商人，完全不明白为何可以如此辛苦生活数十年，人生的意义何在？这种立场及身份上的鸿沟，从一开始已提醒了村上自己：不可能去重塑他们的故事。能够做的是仅以极其有限的提问，尽管以不影响受访者流畅度为原则，让他们自发性地完成自己"证言"。

借讲故事来交换身份

　　由于任由被访者自由发挥，于是他们心目中的沙林"故事"便得以呈现。某种程度村上春树也为他们提供了一次化身为"作家"的经验，这种"作家"经历，一方面成为了抗衡传媒不实及偏差报道的咆哮（不少被访者都投诉受到新闻媒体断章取义报道的困扰）；同时也是解放他们上班族心理桎梏的一次努力——让他们可以暂时放下惯常肩负的"公"之面具，而由得"私"的体认浮现，由是村上春树及被访者之间，才得以取得一种微妙的互动互助关系——村上重新获得认识日本社会文化的机会，而受害人终于可以说出属于自己的一个故事（无论是出于控诉、愤怒、无奈、逃避还是其他）。（2001）

5.2
她们的年代
—— 日剧女编剧自白书

熟悉日剧的读者都应该知道，近年日剧已渗入了"日剧冬的时代"，过去任何作品均能超越20%收视率的日子早已一去不返，一众电视媒介的幕后人员均进入了重新摸索的阶段。

从方向上来说，日剧仍处于狂乱的混杂时代，由《沉睡森林》的成功触发起的悬疑剧风潮，正好是一从迷失中找寻方向的试行例子。

但更明显的一个方向，是女性编剧已大举进占电视制作空间。以2000年为例，前期的十七出日剧中，有十二部出于女性手笔。而据杂志的调查报告反映，年轻女性渴望成为日剧编剧家的排名倾向，竟然高踞第三位！各地的编剧班也大受欢迎，而且有七成报读者为女性。从各方面的资料来看，可见女性编剧已成为一十分吸引的时髦行业。而《她们的戏剧》（电影旬报社，2000）正好提供机会，让她们心声尽吐。

事实上，据*Happy Mania*及《北之花道》的编剧梅田美香所云，写一个个半小时的电视剧本，酬劳高至六万元港元左右，令她也吃了一惊。在有名又有利的前提下，她们又怎能不趋之若鹜呢？

看不出的苦恼

只是在风光背后，其实她们不少人均可说是逼上梁山。据《小报》及《危险关系》的编剧井上由美子所云，本来她是希望成为导演，所以抱着必死的决心进入了东京电视台。

但入局后才发现现实和梦想距离太远，每天尽在做行政事务，为人斟茶递水，以及为周日的高尔夫球打点一切，看来一点也不会有机会当上导演，于是才毅然辞职求去

至于凭《庶务二课》打响名堂的高桥留美，她的OL经验正好成为《庶务二课》的成功支持元素。她是广岛人，毕业后在一所公司当上OL，发现五日的工作其实一天便可做完，但又不可在其余四天放假游玩，于是每天都要痛苦地思考如何把一天的工作摊长留作五天做。

至于样貌出众更加痛苦，《理想的结婚》及《最重要的人》的编剧青柳佑美子正好表示在职场上，常被视为性对象看待。以上的女性困窘经验，正好于她们的作品得到不同的刺激反响。

不伦的潮流

在描述女性心态的作品中，新一代的女性编剧往往都会牵涉于"不伦"（婚外情）的题材，成为了一时尚的话题潮流。

《白鸟丽子》及《恋之奇迹》的编剧中园美保也曾表示，因为一开剧便会一组人同生共死早晚不分混在一起，"不伦"的体验可能也大增。甚至有流言谣传说某些女编剧是因为"天赋"而谋得上位机会。

但对"不伦"题材抱最深刻的看法，一定是青柳佑美子。她的《甜美季节》可说是个中经典，松岛菜菜子及椎名桔平的一对"不伦"男女的瓜葛，令人看得喘不过气来。

她自言对恋爱十分悲观，"不伦"只不过是用来揭示个中真相。"我想恋爱终会变成为'爱自己'，其中'伪善'为最大之罪，甚至过于杀人。即若爱上他人，其实也在乎有爱自己的出发点；而对人好之际，也不无'伪善'的一面。"这种决断的片面看法，委实难以从传统的日本女子口中道出，其中也道出从现实试炼体验的深刻反省道白。

青柳佑美子以《甜美季节》来说明自己的看法，表面上以藤谷真寻（松岛菜菜子饰演）和五岛明良（椎名桔平饰演）的不伦恋为焦点，从中披露大量的情爱谎言。真寻早已看出："所谓不伦，不过是把谎言重重累积而已。"而且也同时借明良妻子向真寻问罪，道出："有爱就什么都可以了的吗？所谓生活是要去倒垃圾的！"透过把情爱的浪漫一面戳破，而教人在情绪高涨之际得到悬崖勒马的反思机会。

事实上，《甜美季节》正是透过和不伦丈夫毅然分手的祖母、宽恕了丈夫不伦经验的妻子，以及身陷不伦处境中的女儿作为三代式的反思印记。在不同的反应行动中，由是看出男女双方的共处苦况。青柳佑美子也没有简化地把关系视作为男性的狡猾阴险，和女性成为要受可怜同情的角色去理解，反正到最后谁也不过在爱自己，如是她信。

纸醉情迷

专业性的追求

不要以为女性编剧，便尽可以在情爱题材上流连往返，于此便可满足。正如井上由美子所言，电视剧一定要制造出一种"憧憬"给观众，"憧憬"的内容可以因时而异，而工作也成为其中一个主要对象。

正如日剧界目前流行的一个用语："仕事剧"，即指以某种工作作特定背景而发展出来的剧情。井上由纪子本人便曾写出以女法医（《法医物语》或译《闪亮人生》）、女杂志记者（《小报》）及女警察（《危险关系》）等不同的"仕事剧"。其中一个原因，为各女编剧均有特定的成长背景，如高桥留美的OL经验成就了《庶务二课》的成功；而信本敦子的两年护士经验，也为她奠定护士剧天后的地位（*Nurse Call*）

借用井上由美子的分析，今时今日无论男女双方均认为女性仅凭一张可爱的粉脸已不足够了，女性的魅力同样应于工作上体现出来，由是促成了对女性职业专业一面的写实诉求局面。

时髦的重省

作为一项时尚职业，女性编剧自身也可对此有不同的看法。正如梅田美香所云，女性编剧真的十分有型！作品被冠上自己的名字（其实每出作品均有大量的人付出心血），加上又会和明星为伴，薪酬又高，委实不能说反话有任何慨叹。其中我认为北川悦史子最爱利用这种关系，来企图把女性编剧推向明星化的发展途上。她出书形容各大电视台的知名人物为"Boy Friend"，而且又故意在散文中不厌其烦披露与明星来往的对答，显然能以此满足自己的明星梦想。

当然也有不少人以极其认真的心态看待这份工作，《长男之嫁》及《非洲之夜》的编剧大石静以拼命的心情来经营剧本，没有如此狠劲心情的人请不要问路求门，青柳佑美子则强调入行前一定要想清楚自己有何目的，为名不如去当艺人，为利有其他更佳的求财途径。要全情投入工作，加上耐得住孤独的人，才好考虑入行的可能性——当然还有最重要的元素：才华。（2001）

5.3

柳美里的漠然策略

——众声喧哗中不取宠

在芸芸一众的流行日本作家中，柳美里应是以最冷静抽离的笔触来处理性话题作品的一人。所谓冷静抽离，绝非指回避退缩的态度；反之她一向对各式奇异的性文化（乃至性虐）均视若坦然。如果用她来与山田咏美及村上龙等作家来比较，很明显她是以"祛魅化"（demystification）的方向来看性，反之后两者则惯以哗众取宠的手段以性来招徕关注目光。

与同辈的吉本芭娜娜比较，柳美里的小说从来也来得决绝清晰。吉本芭娜娜擅长处于日本家庭的新时代命题，每名家庭成员都充满失落之情，而且家庭角色也必须被重新定位。是的，在吉本芭娜娜的小说中，父亲角色一向已逝又或是以已离婚交代——但她的大前提仍在重整家庭关系，只不过其中每一角色及职责再也不用依循传统，事实上也无从据本，一切都是接受新时代人际关系改变更替的客观冲击安排。去到柳美里的笔下，她实情感到连维系一个家庭的需要也来得矫饰。《家族电影》中一而再再而三呈现不同形式的家庭失序情境，可以说是在不同程度尽情把家庭魔咒松绑，从而令读者处于更不安全的位置。在《淘金热》中，她甚至设计一名十四岁的少年杀死父亲的情节，把父亲已死的时代命题清晰显现出来。当然，其中最有力把家庭解体的手段，还是由性出发。

在《盛夏》（收于《家族电影》）中，女儿可以和父亲的情妇闲聊作戏，互相比较乳房大小，而且好像姊妹般传承女性的性知识。在《乳房》及《裸体》（收于《私语辞典》），她更不以为然地侃侃而谈自己和妹妹（即柳爱里，是一名电影及舞台女优）的家族性遗传小乳房，仿佛在闲聊一件与自己无关的日常小事，而且对因而遭受的嘲弄（她曾被老师嘲笑乳房为"刀削的"）一笑置之。

这种淡然处之的态度，正好反映出柳美里把和性相关的事物，还原至日常性大小的分量上去看待，没有刻意地神秘化，就如我们要吃饭、睡觉、拉屎般，同样别无异处。

所以在《性欲》（收于《私语辞典》）中，她借着回省童年时为男性性骚扰的经验（如看漫画被左右的男孩用漫画书揭起裙来偷窥，又或是坐公交车为中年汉抚弄膝盖），道出自己一点也没有不快的感觉。"对我而言，这些男性不过是悲惨、可悲、滑稽的存在罢了！"

正因为此，她提出"性，如果以严肃的态度来看待，只会令人感到可笑而已"。（收于《私语辞典》），暗地里也其实恰好用来对山田咏美之流，作出恰如其分的讽刺而且柳美里于性话题上的淡然处理手法，其实和她整体的叙述策略一脉相承。她刻意把小说中的叙述者，融入小说现实中的闹剧作旁观者，某种程度把叙述者也逐步混同为同谋者之一。《家族电影》里的《我》，正好以一若即若离消极被动的身份，介入了一出以自身家庭为背景的纪录片制作中。刚才提及的《盛夏》，小女儿同样也默默以顺从的态度，静心观察父亲和新恋人之间的关系变化。由消极地卷入事端（非由"她们"引起），逐渐变成自己有份参与撰写眼前的拙劣剧本，甚至迷失其中。这种渐进式的心理刻画，才是柳美里关注的核心焦点（而非拘泥在与性有关的生活内容上），且击中了都市人的死穴——讥讽者和被讥讽者，其实都是同一类人。

这才是柳美里教人看得发亮的吸引地方。（2001）

纸醉情迷

5.4
灵幻空间中的神魔少女
——源自漫画的视点

日本漫画一向十分看重少女形象的刻画，基本上一向视少女为无垢的贞洁代表，因而上推至一种几近沉溺的地步。不同类型的漫画，往往会有对少女形象不同面相的强调；以主流的"少女漫画"为例，传统上爱把少女处理成"御娘样"（ojosama）的形象出现。"御娘样"指出生及成长于贵族或豪强富户，拥有良好教养的千金小姐。透过对"御娘样"的刻画，漫画家从而释放了日本中产阶层的"老好日子"（good old days）想象（1980年代日本社会上甚至曾出现"御娘样热潮"）。当然亦有一重引力把少女形象牵引至俚俗化的一端，如《圣斗士星矢》的作者车田正美正好以《Suge番暴风雨》带出少女的暴烈一面。所谓"Suge番"即女魔头（boss girls），指介入非法活动的不良少女。换句话说，即使在以少女漫画的类型之中，少女形象也可以雅俗共存，以变化多端的形态存在下去。至于在日本的恐怖漫画中，又会有哪一种生成衍化呢？

无垢的视点

是的，正如和久本节子于《美少女的透明矛盾》（*Studio Voice*第二七四期，一九九八年十月号）中指出：对于胸部和腰部仍未完成发育、身体曲线优美的少女偶尔所发放出来的暴力及残酷美感，一向都是创造人灵感泉源的禁果。而少女的无垢性，正好教人恍如回到婴孩时期般，重新去确认对一切的灵敏感触。在恐怖漫画的类型中，我们常可看到漫画家对少女的身体特征（如修长的身躯）加以仔细刻画，仿佛这种躯体将熟未熟的状态，更加具有令人难以言喻的危险意味。

望月峰太郎在《末日》中，对濑户瞳子的描画正好时刻针对她的身体线条发挥，暗地里把她肉体触发出的潜在危险性，和眼前刻下的末日景况加以作平行映照。其中仿佛恰好因为她与末日共同拥有危机因子，于是倒反而成为了与末日沟通的"媒体"似的。《末日》的剧情进展，时常依赖青木照寻找瞳子作动力，也点出瞳子这个少女形象的不存，是会教人陷入迷失的状态。

漫画家作如是的安排，含蓄地表达了少女如婴孩般的无垢视点。这种无垢视点的理解，一方面固然与先前提及的婴孩同质感有关，但也与少女的"处女性"甚有关连（日语中"少女"及"处女"的发音相近，均为shojo，只不过前者多了一个长音而已）。"处女性"的保存，往往令到少女于恐怖漫画出现一魔性诱惑力，使离奇怪诞的事件涌向她身上。而她亦因为一种无垢的纯洁存在状态，令到她得以成为奇诡事件的见证人，甚至因而产生最后的救赎拯救作用。

伊藤润二的人气作《漩涡》（已拍成电影），其中的女主角五岛桐绘正好是以无垢的少女形象出现，尽管在《漩涡》中有神秘感应力的是她男友斋藤秀一，但以"漩涡"形态出现的命案却不断涌向桐绘，仿佛一切均与她有关。第十二话《台风一号》更以呈"漩涡"状的台风，爱上桐绘为情节发挥，恰好正仿如受桐绘的"处女性"所吸引；而也因桐绘的纯洁视点致令她得以"看到"黑涡镇的乖诞异变（相对于其他人的迷醉其中不能自拔）。

强弱之间的变奏关系

传统上的恐怖漫画，爱把少女视作受害人的形象，透过把她们的受害或牺牲过程加以展现，强化她们的弱者形象，以期塑造出一个等待救援的场面（通常由男性来加以援手）。一些1970年代的名作如室谷常象的《人形地狱》及诸星大二郎的《暗黑神话》都可以说是传统的代表。前者的女主人翁美铃丽花正好因受到广岛的原爆影响，令到家人陷

乱步东洋 232

于地狱般的苦况中，于是接受巫术的施法后沦为偶人残活。后者的少女弟橘本来于时间胶囊中存活千多年，岂料在惊醒时却被保护液融化，全身只剩下头颅保持"活力"，其他部分一概液化成浆。即使情节不会去到如此奇幻，如望月峰太郎《座敷女》中的琉美，同样也不断受到无辜的侵扰，证明新旧之间其实仍保存一贯把少女塑造为弱者的习尚。

但与此同时，少女在恐怖漫画中也同样可以是魔道的化身代言人，刚才提及《座敷女》中的长发马面痴迷魔女，又或是伊藤润二的名著《富江》（已拍成电影，而且已先后有两个版本出现：《富江》及《富江REPLAY》）的主角均属典型的魔少女，显然她们是强者的力量化身。

上述少女于强弱两端的不同形象转化，其实并不冲突矛盾，同样指向少女神魔合一的理解上去（近期韩国电影《退魔录》，正好以此作为中心题材加以刻画，神魔合一的少女由秋尚美出演）。正因为少女的无垢天性，令到她容易步上可道可魔的两端，同样可发挥强大的力量潜能（后者即我们所谓的Girls in the dark中的魔性潜能）。这一种正是日本漫画家所乐此不疲的切入点，透过少女形象的不稳定转化变奏空间，来成就出自己一次又一次天马行空的奔驰想象创作世界。

恋恋少女身与心，恰好成为了创作上的不二法门。（2001）

5.5
女作家之激斗
——由吉本芭娜娜到江国香织

看见台湾麦田出版社推出江国香织系列，我庆幸这位吉本芭娜娜的劲敌终于得以强势登陆。其实在日本的本土市场中，江国香织的产量及声势已俨然有超越了吉本芭娜娜之势，而且她的作品也不断被拍成电影，过去有《星闪闪》（松冈锭司导演，1992）及《落日三人行》（原作名为《落入黄昏》，合津直枝导演，1997，香港22届国际电影节曾放映），最近1999的作品《冷静和热情之间》也决定了电影版的制作。且更成为跨国产物，由竹野内丰及陈慧琳主演，可见受重视的程度有与日俱增之势。今次麦田的江国香织系列以她的近作《蔷薇树·枇杷树·柠檬树》作头炮（江国香织小说的中译本，应以香港皇冠于1995年推出的《星闪闪》为首作），也能为我们提供她的最新写作动向面态。

吉本的少女及家族视线

在日本本土中，江国香织和吉本芭娜娜被视为对手，其中一个主因为两人均以"少女"及"家族"为描写的重心（前者以早期作品为著）。吉本芭娜娜的"少女"视点，早有不少学者指出是沿自日本"少女漫画"的传统而来。三井贵之在《吉本芭娜娜神话》（东京青弓社，1989年初版）中，便提出现在的日本少女漫画家已经把少女视线从过分浪漫主义化或滥情主义化的窠臼中抽身出来，而改以"日常"的视点来重省身边的经验。以他的观察，吉本芭娜娜的成功之处，正是参考了这种"日常性"的少女视点，令到小说中的人物别具惹人投入的现代感。

正由于以上刚及的"日常性"视点，令到吉本芭娜娜作品中排除了戏剧化的大悲大喜处理，一切均如隔了一重薄纱似的，淡然冷漠而掏掉激情。回到"家族"的题材处理上，正如她反复在作品中提及："家族就是ＳＦ。宇宙的角落。"（《我爱厨房》）"我"形容想起自己在一房间中不知不觉便长大起来，那种感觉是"震惊"。在《甘露》之中，"我"也描述亲子关系为"母亲是个不可思议的人。一起生活了二十多年，我还是不太了解她。"所以可以看到吉本芭娜娜的淡然少女"日常"视点，置于"家族"的题目上，其实同时有一脉相承的效果，而且非常配合。

江国香织的演绎

回到江国香织身上，她在《星闪闪》及《落入黄昏》中均处理较为抽离的社会关系，来审视身边的感情变化。《星闪闪》中的笑子为——酗酒的女性，却与本为同性恋的医生结成夫妻。《落入黄昏》中的女主角更要孤寂地面对死亡，从而对自己与长期男友的感情也带上怀疑的眼光。两者均尽量把身旁的"家族"元素置在一旁，而尝试展现如何以"日常"视线来重省变异关系的可能性。在这一方面，可谓和吉本芭娜娜的思考有某种程度的巧合；只不过江国香织中期开始的女角设定一般较吉本芭娜娜的人物较成熟年长，相对来说也自然要面对更大的社会压力。

　　　纸醉情迷

三种树的气息

　　而在《蔷薇树·枇杷树·柠檬树》中,正如新井一二三所云:"通过错综复杂的男女关系,慢慢浮现出具有讽刺意义的现实。"(序言)江国香织企图做的是把一群看起来很"酷"的现代女性(由生活无忧的中产太太到独立自主的事业女性;由刚毕业的女大学生到三十出头成熟诱人的女性均一网包揽),所丧失了的生活目标谱下哀歌。她们有的是生活品位,乃至才能及聪慧,但却在男女关系纠缠不清的生活中,失去了感触真正所需的追求触觉。同样,江国香织不爱纠缠于"家族"关系的刻画上,因为对她来说,她们这一群人本身已是一种"家族"关系,而只不过非以血缘关系建构而成罢了。

　　如果由我来归纳:吉本芭娜娜的小说世界是一封闭的密室,供人在内各按所需自由随想;而江国香织则一直和现实世界讨价还价。有时小说人物会碰得焦头烂额,有时会苦尽甘来,因而成就出另一重趣味来。(2001)

5.6

寻找宝冢的手冢魅力
——朝圣的狂迷心情

手冢治虫于一九八九年逝世后，在他以此为家的宝冢建筑纪念馆成为
顺理成章的一回事。事实上，纪念馆的建立一丝不苟，我对它的欧洲
古城外观以及用手冢漫画人物铺成的小径及石柱甚有好感。

是的，对于漫画迷来说，实在很难压抑去一探手冢治虫故乡宝冢的冲动。所以即使我第一次去手冢治虫纪念馆吃了闭门羹（因年底提早封馆），仍教人死不甘心，终于竭力安排择日重临宝冢，誓要一睹手冢魅力。

宝冢的诞生

宝冢是一个人造都市，也可说是近年日本致力发展的"不思议"空间。最初是因为在宝冢开发温泉，便先以温泉区的形象加以宣传。踏入二十世纪，宝冢的发展全凭小林一三的功劳，他看准大阪未来的发展必然会出现饱和状态，于是极力以宝冢作为大阪卫星城市的方向构思。他首先造好箕面有马电气轨道（即日后的阪急电铁，目前由大阪到宝冢的车程约为三十分钟），打好交通运输的基础，然后以优美的居住环境来吸引大阪人迁往宝冢市。当时宝冢是向休憩结合家庭娱乐为重心的人工都市方向发展，于是既可避免工业发展的污染问题，同时又有在假日招徕游客到访的吸引力。后来陆续出现的宝冢新温泉（即现在的宝冢Family Land），宝冢歌唱队（逐渐演变成日后影响深远的歌舞团），宝冢Luna Park（即后来的宝冢动物园），再加上酒店配套设施，宝冢市的基本建设终于一一竣工，开始发挥它的独特魅力。

手冢与宝冢

手冢治虫是一九三三年迁入宝冢市的，当时宝冢市的发展方面已大致成形，而宝冢市对手冢治虫的影响自然也清楚可见，最明显是在手冢心中，宝冢歌舞团代表了潮流时代的尖端，他的《蓝宝石王子》由内容到服饰充分看到宝冢歌舞团的影响。即使到今时今日，宝冢歌舞团在日本女性心目中仍拥有非凡的重要性，即如*Smap×Smap*中也有"竹之冢歌舞团"的环节来予以模仿作乐一番。至于由宝冢出身而投入俳优界的女生更多不胜数，如天海佑希，黑木瞳（电影《失乐园》女主角）及纯名里沙（《恋爱世纪》中木村拓哉的旧女友）等，宝冢歌舞团可谓影响了好几代人。

世界的手冢

手冢治虫于一九八九年逝世后，在他以此为家的宝冢建立纪念馆成为顺理成章的一回事。事实上，纪念馆的建筑一丝不苟，我对它的欧洲古城外观，以及用手冢漫画人物铺成的小径及石柱甚有好感。更重要的，是我发觉纪念馆在整体建筑风格上，引用了不少圆形线条，如建于屋顶的玻璃地球，又或是以圆形作为内部建筑的基本风格，这一点和手冢笔下人物倾向圆溜溜的造型非常呼应。

　　大家应该知道手冢的圆线画风，其实乃源自迪斯尼，因为迪斯尼把一切运动都看成为圆的，手指没有关节，脸蛋也是圆的，而物体的运动也全都是圆的运动。手冢也曾亲口承认受这方面的影响，我想提的正是馆内外的构思风格，已经令我想起手冢的圆线画风。当念及背后的迪斯尼潜在影响之际，更教人感受到手冢源自世界，而他最终是属于世界的手冢。

　　是的，我们很多时候出游，往往是为了一偿心愿。手冢治虫纪念馆正好是一个在我心目中必须一去的胜地，可惜人的心愿总有太多，有生之年总不清楚能否一一偿清。至于下一个偿还心愿的目的地，大抵离不开位于青森县的寺山修司纪念馆。（2001）

　　　　　　　　纸醉情迷

5.7

日本女性杂志的分期论

—— 如何成为窈窕淑女？

是的，我们都活在日本女性杂志的影响下，报摊上的*Non-No*正好说明了这一点。

但如果我们加以回溯，其实日本的女性杂志也曾经历数个不同的转变时期。用岛中幸男（Shimanaka Yukio）的说法（*Transitions in Japanese Women's Magazine*），第一个阶段为1900至二次大战末期，代表刊物为《妇人公论》及《主妇之友》等。重点强调"开明的教育主义"，借此来说明"女性解放"。

第二个阶段为1946至1950年代，代表为《妇人生活》和《主妇和生活》等，强调家居的实际管理意见，而且大量增加图片的运用。

第三阶段为1950年代至1960年代末期，代表为*Mrs*、*Madame*及*High Fashion*，外国名号被大量引用，且明星活动成为了报道焦点。

第四阶段为1970年代，即日本的经济高度起飞期，代表为*An An*、*Non-No*、*MORE*和*Croissant*等，以服装、旅游和饮食为重心，成为日本消费主义抬头的标记。

最后的阶段为1985年至1989年，代表为*Orange Page*和*Hanako*，风格为走上实用指南之路，几近伦敦的*Time Out*。

杂志当道年代

女性杂志的勃兴，除了不同年代的更易女性观念外，也和杂志取代了书本的社会风气甚有关连。

就前者而言，我们可清楚地看到早期的女性杂志，重心在教导读者如何成为好妻子及聪明的母亲，内容自然以家庭生活为中心。但到了后期，新涌现杂志显然以指导读者如何享受生活为依归。有人曾提出颇精警的比喻归纳：过去的杂志强调如何去造好一条裙，现在的则教导人如何去买一条合适体面的。

纸醉情迷

至于后者方面，其中一个明显趋势为"magazine high, book low"的年代。其实自1945年开始，杂志的销量已持续上升；而自1980年代初开始，杂志的销量已超越了书本，而且距离持续地拉阔了。

事实上，大部分年轻人均认为杂志较书本更吸引，他们认为杂志较轻松及贴心，而书本则较为严肃及疏离，由是而出现了"印刷业的杂志化"倾向，而这正是女性杂志当道的社会客观因素。

女性的分众市场

如果我们集中细察当代成功的日本女性杂志例子，不难看出一些共通特点。以六大杂志为例，*An An*、*Non-No*、*JJ*、*MORE*、*25 ans*及*With*为例，它们的合共月销已达七百六十万之巨。

有学者指出它们的共质为分量甚厚（和西方同类型刊物相比）、视觉元素突出、拥有吸引力的外文名号、是重要的广告宣传媒体。而最重要的是强调消费主义，享乐主义及实用信息的提供。

在同构型的基础上，它们的分野一般被描述为锁定在女性的分众市场上。以*An An*为例，88%为16至25岁之间，其中43%在16至20之间，而45%在21至25之间。*An An*的取向可视为希望成为成熟女性的读者群。而*MORE*则以二十来岁读者层为主。*JJ*则专攻高中女生、大学女生及OL的市场。而*With*及*25 ans*则攻二十末期的阶层，由此可见购买哪一本书，其实已有严格的口味导向指示确认。

女性杂志的教育腔调

对女性杂志最深刻的观察，我认为是来自田中庆子（Tanaka Keiko）的启发。她在《日本女性杂志》（见*The World of Japanese Popular Culture—Gender, Shifting Boundariesand Global Culture*，Cambridge Unviersity Press,1998）中研究女性杂志所用的语言，认为均有一种源自学校的教育腔调；换句话说，即爱以家长式口吻，从上而下以训导者身份去规训读者什么可以做，什么不可以做等等。相较于西方同类型的女性杂志，后者大都惯以中性的描述腔调来带出看法，和日本杂志的权威化角色大异其趣。

　　事实上，田中庆子更指出不少杂志甚至不避嫌地运用学校惯用的字词及腔调，如："你必须从某某风格'毕业'"，"你这样穿便可得到一个圆圈，否则只会得到交叉"，如此这般的语句比比皆是。

　　田中庆子认为这种语调，源自日本学校中老师惯用的家长式口吻。但据她的田野调查，发觉日本女性从不觉得这种腔调有侮辱或挑衅成分。她们认为只要杂志提供到实际及有用的资料便可以了。以这一点去想，其实她们都是渴望受教育的一群，因而教育化的风格语调也不见得对她们有何困扰。

模仿的对象

　　运用教育腔调，证明了适合日本的国情。但进一步的问题是：应如何去学习？有确定的模仿对象吗？和外国的同行时装杂志截然不同，他们一向讲求个人风格，不喜盲目的模仿。但日本的时装杂志则明目张胆去教导读者去模仿，而且最好向超模（supermodel）着

纸醉情迷

眼，背后的理念其实和教育的本质并无异致：要模仿学习，就要向最好的对象参考，所以向超模偷师应该合情合理。日本时装杂志的惯常做法，是先把名模的装扮逐一分析，然后再由大至小指出一切衣服乃至饰物的售价及出售地点，以便读者可按书索物去看图认购。所以模仿成为了一正面的选择，最重要的是挑选出好的对象，由是更可吸收到好行为的模式。这一点在雅子皇妃身上有最佳的说明，一众杂志均着力去捕捉皇妃的一切衣装变化。其中一个前设为雅子皇妃既是哈佛大学的毕业生，而且又曾在牛津大学及东京大学念书，可见她代表了名牌出身的完美梦想。在这重考虑下，模仿雅子皇妃绝对是一明智选择，甚至可以说和她现实中的衣着品位无关。连杂志也爱用"聪明"来形容她的打扮，很明显已把衣着和头脑的智慧拉上直接关系。

有趣的是，日本的时装杂志爱用"聪明"和"有智慧"来介绍时装打扮，但她们经营杂志的方针又不断以视读者为愚昧学生为务。这种内在的矛盾性更加成为一有趣的吊诡，反之又好像没有人介意什么似的，成为另一重讽刺所在。

香港的演变

由日本到香港，我们可以见到即使大部分本地女性，虽然看不懂日文，仍乐此不疲翻阅日本的女性杂志，*Non-no*每期都有十数万的销量，可见东洋力量的影响力。

当然香港也有不少女性杂志，而且又曾出现不同的风格取向。如1980年代昙花一现的《妍》，乃至早期的《玛丽嘉儿》以及今年创刊的*W*，都是走较高档的女性杂志市场，来企图在消费主义的市场基础上，提供多一层反省及意见角度。

我们自然也从不乏信息指南《姊妹》，以及其他国际化的品牌本地版。但前者的固有地位，已日益受到综合化的年轻人消费刊物威胁，而后者又往往缺乏明显的定位特色。加上香港女性杂志市场又颇为狭窄，致令难以构成什么像样的风气出现。

看来面对来自日本的强势"入侵"，香港的读者还是会乐于继续"坐享"他人之成作罢。（2001）

5.8

Welcome back！江户川乱步
——邪教掌门人现身记

是的，为何到了今时今日，我们又会有兴趣去重新检视江户川乱步的作品呢？我想借好友林纪陶作开场白，他指出近年日本的流行文化产物中，都有一种审大正时期文化的倾向。所谓大正时期乃指1912年至1925年，是介乎于明治及昭和之间的年代。这段时期是日本最躁动不安的岁月，位于世纪初之端，加上西洋文化又大量涌入，令到所有人都雄心勃勃。

但大正时期又发生了关东大地震，令日本人深切感受到现代科技始终敌不过天灾威胁，生命的消极一面又再度涌现。《午夜凶铃》中的贞子母亲，正是在大正时期被现代科学及传媒逼害的通灵人，也因而积怨成病而衍生出怨灵贞子，可见现代日本流行文化爱把大正时期诡异化的倾向。江户川乱步正是大正时期开始崛起首屈一指的著名推理小说家，他与耽美派的永井荷风、谷崎润一郎，乃至新感觉派的横光利一、川端康成，构成了活跃多姿的大正文化不同面貌，而且江户川乱步的诡奇风格，于数十年后的今天，更有另一重先知先觉的新时代气息。

乱步影像

直接改编江户川乱步的作品成为影像的例子，其实一向为数不少，最早期自然是先有剧戏世界的尝试，连名作家三岛由纪夫也曾把江户川乱步的小说《黑蜥蜴》改编成戏剧，由芥川比吕志扮演名侦探明智小五郎。即便只提近年的例子，我记忆中1995年奥山和由也曾拍了一出电影名为Rampo（Rampo即乱步的拼音），由本木雅弘饰演乱步，合演的还有竹中真人，可见江户川乱步一向是日本人爱引用及选材的作家。

在本地翻版VCD极度猖獗的日子中，曾有一张《名侦探明智小五郎—江户川乱步之阴兽》发行，是一90分钟的电视电影。《阴兽》（1928）是江户川乱步的名作，而他塑造的名探小五郎则由Smap的稻垣吾郎出演。作品一开始便有出浴镜头，加上女主角静子又和名探陷入一场SM的性戏角力中，颇能保留乱步的诡异及乖常气息。而稻垣一向的柔弱形象，也配合小五郎以柔制刚的风格，成为了一以影像追踪乱步风格的纪录明证。

明智小五郎

上文提及明智小五郎，是他笔下的著名创作神探，和横沟正史设计的金田一耕作相若，是日本人心目中家传户晓的神探形象。

和一般的硬汉型神探不同，明智小五郎一向以纤柔的形象示人，乱步甚至形容他爱撒娇！一般人以为小五郎的形象十分西化，其实他在乱步作品中出现的时空横跨数十年，他的转变也是昭和史的外一意。他最初出场为1924年，是一个穷苦的浪荡男，每天穿上和服在四周浪游，号称从事"人类研究"云云。后来随着战争的转变，又加上他日渐成名，于是侦探所也愈开愈大，才成为一身西服的名探。

我喜欢小五郎的"常人化"，在《阴兽》中他和静子陷入了不应该发生的不伦恋中，而在《蜘蛛男》（1929-1930）又曾轻率放过了凶手一次，甚至在《女妖》（1954）中更被大河原夫人的爱上自己而感到心慌恐惧。作为一位神探，他有的是细致的观察力及敏锐的分析力，但也同样会受感官欲念所摆弄，成为一有血有肉的真正"神探"。

乱步的自我戏谑

乱步在小说爱用自我戏谑的书写策略，他晓得充分利用个人的书写历史，而设计成为小说中的线索及元素。《女妖》中江户川乱步更加是小说的人物之一，而身份也是侦探小说家。更有趣是乱步竟然是书中主角大河原教授的好友，甚至为他介绍了名探明智小五郎来商议讨论案情。这种自我生成的书写策略，令到作品中的真假界线更加被模糊化，扩阔了阅读的想象空间。

在《阴兽》中，他玩得更狂野且因而令作品被称为自传成分甚浓。他设计了一名隐身的畅销侦探小说作品大江春泥，描述他出了三本小说后便红得发紫，内里提及的作品如《人间椅子》正是乱步自身的成名作。更有趣的是他借明智小五郎的口，极力批评春泥作品的趣味低俗，只溺于杀人场面的把弄，而缺乏深层的人性反省，无疑是乱步作人格分裂式的自我反省检视（"春泥"的名字更屡见于他日后的作品，如《影男》），由此可见作者心灵的复杂面相。

人形之爱

乱步作品中有大量的特殊癖好，有窥视狂、镜子迷、暗号及迷宫等，在在均成为他的标记。但如果要挑选一项最打动我的，我会首选他对"人形爱"的执迷。

所谓"人形"即玩偶，或我们俗语所云的"公仔"。差不多所有的乱步作品中，都有"人形"的描述片段，而且犯案人往往对"人形"有异常的执迷。《蜘蛛男》中的罪犯，正好透过把尸体伪装成"人形"（甚至化成石膏像，分送给不同学校），来建立他的"恶魔美术馆"。在这种异常举动的背后，反映出犯人把"美"与"死"的价值，和"人形"结合并置。乱步的特殊视角为：他不企图为"人形"灌注入人性之爱，相反乃渴望把人身注入"人形"之内，以在生命之心融入是生命之形，并追求由人化成"人形"之说。这种逆向思维的构思，可谓十分大胆及诡秘，在抽空了生命之变化常性后，他反而营造出一种永恒之爱的气息来——由是成就出他眼中的美感。（2001）

5.9
两个村上的情色方程式
—— 当村上龙遇上村上春树

"我全裸地俯视着巴黎。巴黎在我湿濡的大腿下，痴呆地在寒冷中颤抖。"（《Ibiza》）

　　不少文化界中人，都曾看过*Tokyo Decadence*（又译《东京堕落》）这部以SM为幌子的风格化色情片，只是很少人留意导演是谁。是的，他就是村上龙，原作于日文中名为《Topaz的诱惑》，是其中一部由自己小说改编而成的电影（其他还有《接近无限透明的蓝》及《无问题My Friend》等）。到今时今日，他的小说中译本正式由台湾输入香港，这预示了另一个继村上春树之后的阅读热潮正酝酿成形成迹（至少在台湾方面"已"成形），只不过乃时间上的问题而已。

　　村上龙的*Tokyo Decadence*内一个经典场面，是女主角穿上SM用的皮革服饰，在高层大厦的办公室内，大字形伏于落地玻璃上，睥睨着身下五光十色的繁华物欲世界。堕落与璀璨同时共生，而sex、drugs and violence正是村上龙的恒常母题。小说*Ibiza*中，女主角正好有相若的处境："我全裸地俯视着巴黎。巴黎在我湿濡的大腿下，痴呆地在寒冷中颤抖。"（p.108）。要理解村上龙的世界，我认为由村上春树出发对照，会较容易让中文世界的读者觅到端倪头绪。

龙与春树：性之反叛或漠然

　　村上龙与村上春树尽管在引入中文世界的次序有所不同（其实村上龙的《接近无限透明的蓝》于1980年代早期，曾以《半透明蓝》的名称在台湾译出），但他们乃属于同世代的作家。两人均先后夺得群像新人文学奖，村上龙以《接近无限透明的蓝》在1975年获奖，而村上春树则以《听风的歌》于1979年夺魁。

　　当村上春树出道时，村上龙曾雀跃地表示事情好办了，一个时代的气息可以慢慢成形。表面上两人对性的处理都采取了一种随便开放的态度，但本质上乃极为不同。村上龙其实以性与毒品，作为一种姿态上的反叛，处处突出小说人物的与众不同（包括不断炫耀音乐及电影方面的学识），当中自然也有回顾个人于九州岛成长经验的自传化倾向。

纸醉情迷

村上春树刻意把性爱于作品中以漠然的笔触处之，且不断提醒背后种种可能存在的利益关系，反而更深刻呈现出个人面对高度资本主义社会一切泛政治化的无奈悲哀。前者把个人经验夸大，高姿态睥睨社会；后者则冷然看透无聊的人生社会世相，惟求苦中作乐，在世界终极之前徒劳找寻依恋所在。

六十年代历史的包袱

在村上龙与村上春树的小说中，他们的主人翁往往共同背负着六十年代的历史包袱而幸存下来。这里自然是指1968、1969年世界性的学生运动，以及连串触发而来日本本土的社会运动。

但两人的处理也存在南辕北辙的分野，村上龙不厌其烦披露当年混集于全学联人士中，在佐世保抗议原子动力航空母舰企业号进港的情况。曾经面对催泪气的经验，令他对1970年代陆续而来的社会事件（围堵三里冢新机场建设游击战、赤军的劫机事件及浅间山庄的枪战等），迅即消逝无痕隐然不满。当然这也是一个自我虚构架于身上的历史包袱，因为小说中的人物，不过是无所事事沉湎毒品酒色中精力过剩的年轻人。

所谓历史包袱，固然是他们扰攘终日的合理化借口，本质上与六十年代由石原慎太郎掀起的太阳族小说风潮相若，只不过是回归社会秩序前的纵欲放浪时期。唯一不同的是，村上龙身体力行最后没有回归秩序架构，而继续在文化界不断转变身份生活下去。

相对来说，村上春树对逝去的躁动历史，在小说中一直存而不论。他的"留白"令到小说人物更具神秘性，而且配合整体上弥漫漠然无聊气氛，"多讲无谓"正是历史的无情嘲讽。于我而言，村上春树于小说营构上远较村上龙来得聪明，在抑与扬之间的平衡，节奏控制得恰如其分。

事实上，在往后的日子中，村上龙与村上春树的发展正好愈行愈远，各走其路。村上龙积极扩展于文化界中的地盘，又主持文化讲座、对谈节目，同时忙于拍摄电影，一头栽于媒介的热涡中。小说也重重复复地生产，其实《接近无限透明的蓝》、《69》及《村上龙电影小说集》也不过是同一故事的再写变奏，良莠混糅纠缠一起。

至于村上春树则一直逃避传媒目光，往外流浪过自己钟情的生活。两种态度，正好反映出高度资本主义社会中，创作人存身延续生命（指创作上的生命）的不同游戏策略。而性也正好是他们"安身立命"的一重演绎技巧吧。（2001）

5.10
龙卷风暴
——有写未为输

早阵子，台湾出版界的朋友告诉我，村上龙的小说在彼岸大举登陆，牵起不少人的注视。看来继村上春树热潮后，另一股村上风暴又在酝酿降临，而村上龙的其他作品仍会陆续翻译下去……。于我而言，村上龙热潮来得一点也不惊奇。事实上，我早已奇怪为何如村上龙沉溺于性、毒品及暴力的作品，迟迟得不到出版商的商业眼光看重。

村上"兄弟"

在中文阅读世界里,村上龙是"继"村上春树而来的新生代日本作家。其实在日本的文坛中,他俩正好属同辈,且也是交情不浅的朋友。村上龙凭《接近无限透明的蓝》于1975年夺得群众文学奖,而四年后村上春树则以《听风的歌》夺得同一奖项,正式开展文学上的创作活动。

两人甚至在1981年,合着了一本对谈集《Walk, don't run/村上龙VS村上春树》(讲谈社)。当中村上龙劈头便表示当村上春树出道后,事情便好办了,相应来说一个时代的气息终于可以慢慢成形。而村上春树亦曾说《寄物柜里的婴孩》为所曾阅读的日本小说中的一部力作,间接刺激了他创作上的野心,因相互角力而提升对自己的要求。

媒介万花筒

在*Walk, don't run*里,村上春树形容村上龙为"怎样看也不像作家,至于说像什么人,则什么也不像,总之就是不可思议的一个人。"这段话其实也或多或少描述出村上龙的性格。自1975年于文化界打出名堂后,村上龙20年来一直马不停蹄转变身份。他亲自执导拍摄了数部由自己小说改编而成的电影。包括《接近无限透明的蓝》、《无问题My Friend》及《Topaz的诱惑》(在海外一般人都以Tokyo Decadence名之,以软性风格化色情片的名堂由是颇为人熟知)等等。而且他又与著名的日本音乐人阪本龙一合作,主持名为EV. Cafe的对谈会,分别与当代日本六位思想的重要人物(吉本隆明、河合隼雄、浅田彰、柄谷行人、莲实重彦及山口昌男)作交流,后来会谈记录更结集而成厚达四百页的《EV. Cafe\超进化论》。凡此种种的例子,均只不过说出村上龙在文化界的部分活动而已。作为小说家的他,只是其中一面的身份;1992年《国文学》花了一期的篇幅来策画村上龙专题,可说是对他的正面肯定及重视的表现。

事实上,村上龙一向以产量奇高而教人咋舌,平均每年均有两三本或以上的著作面世。与此同时,他的滥写及题材上的重复亦曾为人诟病。无论如何,村上龙显然是一位十分懂得包装的当代作家,在文化界的不同岗位善于建立自己的位置而同时又晓得用不同手法给自己的作品添上新貌。《村上龙料理小说集》及《村上龙电影小说集》便分别以菜肴及电影名称作各短篇的题目,诱导读者阅读下去。换句话说,他是一位十分善于推销自己的作家;在未来村上龙即将在中文阅读世界卷起风暴的日子里,这一点我认为读者应先记存于心。

*Ibiza*的表里幻象

*Ibiza*是近年村上龙用力的长篇作，日文原著于1992年面世。村上龙的小说一向着重视觉经验，由视觉为首的五官感触，一直是他的描画重心所在。而这种重视表象的倾向，呈现于文字中，往往出现连结词组的罗列；与其说是句子的章法结构，不如看成为意象的不断涌现并置（《接近无限透明的蓝》中例子甚多）。表层上的持续跳接激荡，构成了村上龙文学的基本特色。

*Ibiza*乃刻意深化表象描述局限的尝试，村上龙着力于内与外之间的对照经营，两者既是思想VS肉体、也是神秘VS外露和超现实VS现实的临界分野。在*Ibiza*里，女主角真知子正是拥有连结灵幻与今生两端的载体，当然事情自然有硬币两面的不同角度看法，它既可以灵媒术、灵魂离体的表征，也可以是精神分裂的状态刻画，而最终指向沉溺于毒品的迷幻心魔。作者的深化企图，至终会否陷入"意图谬误"的圈套，自然可以再作讨论。但努力经营的二元世界，却归结于封闭性的自毁结局（真知子最后被人斩去手脚，成为Ibiza一地某的士高的象征代表），令变奏的幌子仍陷于表象的疲惫追逐。

事实上，*Ibiza*在日本所获得的批评也不见得讨好。大浦康介甚至嘲讽小说为贩卖廉价"思想"趣味的观光小说（*Ibiza*内由巴黎、蒙地卡罗、摩洛哥至巴塞罗那不断转移场景）。对我来说，村上龙刻意向内在自我挖掘的主意不无野心，心中的幻觉及幻听自有另一预言性的效果在内。只是无尽追寻也是终极沉溺的表现，本质上其实并没有突破他自身的风格局限—Sex, drugs and violence 把他拘禁于狭小的空间，本来用来挑衅大众的手段，反而出现过量及重复的反效果，令读者望而生厌。此倒或许是村上龙所始不及的局面，背后的反讽意义，正好与*Ibiza*旨意遥相呼应把自我扩张追寻下去往往带来毁灭性的终局。（2001）

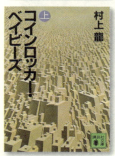

　　　　　纸醉情迷

5.11
文学的追星之旅

作为一个文学爱好者，出游之际把文学家的一点一滴放在心里，差不多是理所当然的事。只不过有时候人算不如天算，你要找的东西可能就近在咫尺，我在日本便曾有相若的经验。

北区田端的芥川魅力

我在日本念书的日子，住的地区正是位于山手线北部的田端。一直以为那不过是庶民气息浓厚的小镇，想不到经新井一二三在《东京上流》中指点，才知道芥川龙之介与田端的深厚关系。作为一个时刻受精神病缠绕，而且最终又以自杀告终的传奇作家来说，他的一言一行自不待言有酷透了的气蕴。尤其是大家都知道，出色的作家往往与病都有密切的联系，芥川人瘦，身体一向差，大抵也因此而更卖力行文。日本立教大学教授长野尝一指出芥川的短篇小说极美，工整悠然，但要写长篇则写不来，大抵与身体不济颇有直接关连，文风与体质紧密结合的看法，我想的确有它的道理。也正因为此，新井一二三形容大正时期的田端文士村，正好予人有如置身于巴黎蒙马特的错觉，而且芥川也惯了今朝有酒今朝醉，田端四周的食肆正好是他驻足盘踞的根据地，由高雅的怀石料理店，到街头觥筹交错的庶民食街，都是他与一众文友乐于流连的好去处。那正是教人向往的文人浪荡气息，我不想花篇幅去详述芥川龙之介的文学特色，事实上作为一个游人，有时候同样肩负追星族的角色，而追星的动力除了作品具体的深度外，更加教人不能自拔的往往是一股无以名之的诱惑力，而芥川正是一有此能耐的魔术手。人生在莫名其妙之间，总有趣味盎然的汇合——后来我在学运名作《日本的夜与雾》中，竟然认识了芥川之子比吕志，他正是电影中饰演懦弱无能的老师之演员。比吕志清癯的脸孔，恰好让我们可以从而推敲龙之介的病态美。

死在青森的滋味

另一位教人神魂颠倒的作家明星，就是原籍青森的寺山修司。最近台湾终于推出了历史上第一本寺山文集的中译本，迅即成为文化界的焦点话题，连《诚品好读》也迫不及待把他放在封面，好教一众对寺山修司好奇不已的读者，可以亲睹个中寺山风貌，而不再受制于经由懂日语的友人复述转折之隔阂。严格来说，寺山的老家在青森县的三泽，今天寺山修司纪念馆也在此地建成。但我认为整个青森县都是他的舞台，其中自然包括日本著名的灵场恐山。冷清的苦寒气候、寂寥的山川林径，与漠然的人事契合出诡异奇幻的舞台。是的，正因为现实环境的单调孤绝，更加促使寺山修司更不断用尽全力去启动想象机器——他一生竭尽神思去打破成规，由教人离家出走到肯定自杀的意义，差不多被公认为最语不惊人死不休的现代作家。更重要是他一切均以身体力行为尚，既拍下如《抛掉书本跑上街》、《死在田园》及《再见方舟》（《92黑玫瑰对黑玫瑰》著名的飘红字条，正是由此而来）等惊世骇俗的经典，同时亦以"天井栈敷"来启动日本的实验剧场运动，而且亦是马评人、社论家等多重百变的身份，完全破除了日本既有对文化人的疆界理解。我在青森闲逛之际，正好禁不住不停思索为何眼前的环境，竟可孕育出一位如此不按牌理出牌的伟大

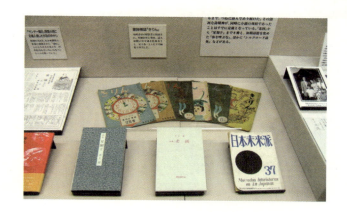

作家。后来终于在恐山大祭中明白一二,就是那种在山顶每小时一变的景致——这一刻烟雾迷漫,下一个时辰便已阳光普照;在湖边人来人往在颂经超度,寻常百姓也在寺内的免费温泉赤身舒缓不辍;一望无际的高山湖平静无波,湖水却蔚蓝鲜黄等教人心虚。一切一切因外在环境而产生的刺激都目迷五色,我认为那正是青森教人natural high的杀手锏——难怪得寺山修司总有我们想不透看不准的地方,供人无限探究。

旅馆中的虚拟井上靖经验

如果仍嫌不足,我想最疯狂的莫过于去作家的写作工场,直接感受那一份心情。过去东京火车站旁的Station Hotel一直是文学爱好者的朝圣地,其中317室因先后有不同的名作家驻居,因而已自动成了人文遗迹的示范单位。不过东京始终是人头涌涌的扰攘之地,我倒建议可往下北半岛风间浦的下风吕感受一下井上靖风味。首先我得告白:自己对井上靖的兴趣和刚才提及的两位,可谓绝对有天壤之别。只是当我在他曾下榻且写作的长谷旅馆寄身,一边念着从《海峡》采撷而来,而又与眼前景恰好对应的文字:“巴士到达下风吕时,约为五时许。二人就在二楼可以望海的房间下榻,一抵埗便往下层的浴室浸泡。泉质是硫磺泉,身体表面布满可见的杂质,而泉水恍若从体内而外的渗透出来,教人恰如置身于杉木满布的山原之内。”我一向是温泉狂迷,而那一刻也不得不承认为井上靖技术击倒,Knock Out得彻彻底底。

如果要为旅游谱写千百万个理由中的其中之一,容我为一向以效率为上,娱乐争先的香港人补上微末的一则:做一个文学小粉丝,好让自己在旅程中悠闲地与作家作心灵上的谈文论艺。(2006)

纸醉情迷

5.12
《大人の科学》的教育乌托邦

《大人の科学》是学研（Gakken）麾下一本口碑载誉的优质杂志，若然浓度从集团本身尝试去寻找精神底蕴，相信注定会头昏脑涨。《大人の科学》的第一期虽然在2003年4月才开始出现，但早在六十年代，学研旗下的学生刊物，已有赠送科学玩具的做法。与此同时，学研作为综合式的出版集团，旗下的杂志亦五花八门，由满足不少男性性幻想的水着偶像杂志*Bomb*，到报道东洋娱乐新闻必备的男性艺人偶像杂志*Potato*等，充分说明多元发展的面相。所以要审视《大人の科学》的理念世界，还是回顾教育本质的范畴吧。

唤醒童年教育的旧梦

正如尼尔·波兹曼(Neil Postman)在《童年的消逝》（*The Disappearance of Childhood*）中指出童年的概念是文艺复兴的伟大发明之一，而印刷术的发明终于令到透过书本进行分阶学习的构思得以执行，也促使在编排内容时，诱发一套新的思维方式。作者在书中固然想表达童年作为概念，于西方文明发展史上的历程，但我认为在童年早已消逝的时空中，《大人の科学》正是重编学习知识系统，以及尝试把对童年教育的理想向往，再一次为后现代时空于电脑年代长大的小孩建构出来。

不容置疑的是，日本孩童的教育失衡早已成为社会问题。速水敏彦在《轻视他人的年轻人》（株式会社讲谈社，2006年初版）中，正好指出今天的日本小学生一方面极为容易发怒，一言不合就倾向挥拳向物件甚或他人发泄；但与此同时，又对外在事情的变化难生悲喜之情。表面上，两者好像有一定程度的矛盾，实情是整合而言正好看到个人主义的终极化走向。此所以失去文具乃至金钱，甚或在运动会落败，再不会见到学童的悲伤落泪场面，因为一切早已成"身外物"，只有在关涉由己而发的私密空间联系（可以是计算机游戏内拥有的虚拟武器），才足以令人狂性大发。而《大人の科学》正是有心人的所为，企图以娱己娱人的方法来包装科学知识，不淡自己强加宏大的教育宗旨理念在头上，来尝试为这个世界复古地寻找可爱的童年。

寻找大人的童趣

所以最明显的说明，莫过于"大人の科学实验村"的环节。为了寻回过去在童年时期，每逢夏天到来便自由进行不同形式的新奇实验快意，于是每次均由杂志编辑及被抽选出来的报名读者组成实验村村民，从而进行各式各样的趣味实验探究。当中可以是人皆有经验，用线索贯

纸醉情迷

穿桶底，然后作通话听筒使用的最长距离限制测试；甚至是要求更进一步的"高温超电导船"的实际下海试验。不明所以的人或许以为是Kidult的游戏变种，但我得严正声明《大人の科学》展示的是堂堂的"御宅族"（Otaku）精神旨趣，而非不愿长大、见异思迁、好逸恶劳的Kidult心态。相对而言，"御宅族"从来就专精有限，此所以《大人の科学》就是科学御宅族的心血结晶，他们不过用了迎合市场的包装伎俩，来把心目中的理想世界展示出来罢了。

至此，我可以提出《大人の科学》的双重教育导向理念了。

《大人の科学》的前提方针可说虚实交错，它既是指向大人，同时亦是为小童而设的科学教育乌托邦。对大人而言，每期的手制科学玩具，正好提醒科学不是冷知识，它需要透过人手的温热感触才可以继续发声发光发热——而最终成就的并非完成的什么玩具，而是大人早已磨灭遗忘的求知好奇欲望，简言之可以童趣来形容，从而补足已呈干涸的生命之泉。对小童而言，那是重新唤醒对外物的关怀依傍媒介，把原已尘封结茧的感知系统加以释放，好让他们去探索自己作为小童本来可以拥有的特质。《大人の科学》信奉感知的教育理念，没有长篇的知识演说，一切要生活在其中，提手做实验，从而与科学产生关系——无论是大人还是小孩，都希望可以重拾或发掘童趣，而成为教育乌托邦内的情热子民。（2001）

纸醉情迷

《乱步东洋》复刻志记

汤祯兆

继《俗物图鉴》后，《乱步东洋》的复刻新版亦会推出面世，两本书都会增补不同篇章去缝补时代的距离。而就后者而言，因为繁体版及简体版增补的文章篇目上有若干差异，所以繁体版会易名为《日本变容——文化越境的跨界观写》，而简体版则仍保留《乱步东洋——日本文化杂踏记》的名字，先作交代聊作备考。

《乱步东洋》是2001年在香港出版的书，当年的副题为"日本文化杂踏记"——"杂踏及乱步"，一向是个人写作上的关键词。有趣的是，书籍当年是由一所正在冒起的计算机出版社刊行，后来却又迅即偃旗息鼓。这就是香港的文化特性，没有任何起伏常规，写作人只能不断以寄生状态打游击地依傍求存——我所指的求存绝非指经济上的条件，事实上随着出版社的瓦解，《乱步东洋》亦没有为我带来一分一毫的版税。所谓求存，或许属于较为旧派的思维模式，对今时今日以网络世界作为写作及发表主场域的新生代来说，讲求实时互动以及永远处于现在进行式的写作模式，大抵才是心仪所属的潜行空间。但于我而言，每一本实存的出版著作，所提供的检视及整理意义，或许属非常个人化的鞭策原动力，此所以我珍惜任何一个机会，也由衷希望不会糟塌一二。回头说来，因为原书在香港出版及发行遇上刚才提及的障碍，所以原则上看成为一本隐形缺席的书也绝不为过。而香港写作的文化人正好时常处于以上的窘局，书本难有出版的机会当然是其一；出版后因为如此或如彼的因由，令到经济上完全得不到回报收益是其二；因为配合上条件欠佳，致令读本没有太多面世曝光机会，长埋书仓甚至沦为废纸是其三；最后即使作者想不收分文取回版权，但也因为合约所限，往往只能半死不活拖沓至合约中止日期才可有重生的契机，是其四。

　　一本书的命运，往往就是如此坎坷幸存过来。所以当彭毅文小姐提议让它在内地重生，心存感激是唯一想说的话。近年，我分别于不同的内地出版社，推出相异的书籍（上海复旦大学的《香港电影血与骨》、天窗中国的《日本中毒》、山东人民的《俗物图鉴》以及上海三联书店的《乱步东洋》），的确具体感受到内地与香港相异的编辑文化来。不过肯定不移的是，就是内地编辑对书籍作为文化产物的诚挚执着追求，这一点正是在香港不常遇上的良好氛围，而此对作者而言，所起的积极鼓舞作用真的不足为外人道也。是书得以因日本电影而相知相识的连城兄，仗义出任前期的文字编辑，就更加是我个人的福祉。而最令人喜出望外的，是书竟得到李长声老师撰序，不啻若梦境成真。李老师的《居酒屋闲话》、《日下书》及《日边瞻日本》等著作，全都属我的爱读书，老师对日本的深邃探究，委实令人大开眼界。与此同时，罗贵祥兄更在百忙之中，抽空把当年的《乱步东洋》原序作出对读修订。凡此种种，不及一一言谢。（2011）

图书在版编目（CIP）数据

乱步东洋：日本文化寻踏记 / 汤祯兆著. — 上海：
上海三联书店，2012.4
ISBN 978-7-5426-3595-2

Ⅰ．①乱…　Ⅱ．①汤…　Ⅲ.①文化—研究—日本
Ⅳ.①G131.12
中国版本图书馆 CIP 数据核字(2011)第109702号

乱步东洋

著　　者 / 汤祯兆

责任编辑 / 彭毅文
装帧设计 / 小　丁
监　　制 / 任中伟
责任校对 / 张大伟

出版发行 / 上海三联书店
　　　　　中国上海市都市路4855号2座10楼
邮购电话 / 021-24175971
印　　刷 / 上海江杨印刷厂

版　　次 / 2012年4月第1版
印　　次 / 2012年4月第1次印刷
开　　本 / 787×1092　　1/16
字　　数 / 150千字
印　　张 / 16.5
书　　号 / ISBN 978-7-5426-3595-2/G・1158
定　　价 / 38.00元